成功の秘訣

小さなお店のつくり方

たかはた　けいこ

祥伝社黄金文庫

まえがき

初めて実用書を書いたのは十年近い前のことだ。「あなたが実用書を書けば絶対に売れる。人を説得できるのは経験と表現力なのだから。店の出し方や運営のしかたを書きなさい」と瀬戸内寂聴先生に一喝されたのが引き金になった。当時の私は地方文学賞をいただいた直後で、「これで本物の作家になれるかも」などと考え、自分なりの文学作品を書きあげて選者である先生のところに持ちこんだのだ。「書けるでしょう、店の出し方、運営方法」と瀬戸内先生は持ち込んだ原稿を横においやってたたみかけた。「はい。もちろん」私は答えた。今までやってきたこと、現在やっていること、それらは確かに実用書の目次にそのまま通用する。書き上げた一冊は先生の予言通りロングセラーとなり、今もあちこちの書店で背表紙をみせている。

今回の一冊は新たな気持ちで書き進めた。図を多く取り入れたのも、よくわかりやすいものにしたかったからだ。いわば「開店開業の入門書」として、この一冊をひもといてくだされば幸いである。

2002年2月

たかはたけいこ

第5章 店舗づくり

第7章 お金の管理

*本文中のデータ（住所、電話番号、URL等）は平成一四年一月現在のものです。

本文デザイン…田中明美　編集協力…㈱キーワード

序章

開店開業までのタイムスケジュール

開店開業までには、やらなければならないことが多い。

そこでこの章では、どんなことを、どのような順序で行なえばいいかをまとめてみた。開店開業までにやり忘れていることがないかどうかのチェック欄としても、おおいに活用してほしい。

1：自己分析 ▶第1章

「一国一城の主になりたい」と考えている人は多い。しかし人間は、あきらかにふたつのタイプに分けられる。これは努力してできるものではなく、持って生まれた性格や育った家庭環境に大きく左右される。漫然と独立を考えている人は、徹底した自己分析をする必要がある。

2：家族の協力体制の確認 ▶第6章

独立開業にあたって、もっとも重要なポイントは家族の協力だ。決められた時間内を働き、勤務先に対して経営責任がないサラリーマンと、仕事があるかぎり二四時間年中無休のうえ、すべての責任を負う自営業者とは根本的に異なる。この場合の「家族」とは、同居している家族はもちろん、両親や近しい親戚縁者にもおよぶ。両親を説得できなくても独立は可能だが、最低限、配偶者と子どもの賛成が得られなければ難しい。

3：業種決定　第1章

サラリーマンから転身する場合は、基本的に今までの仕事と同業が望ましい。未知の分野へいきなり転身するのは難しい。それまでに培《つちか》った知識や経験、人脈が生かせる職種でのスタートが、もっともスムーズに開店開業できる。

4：同業者のリサーチ　第1章

ともすれば、自分の現在の仕事からの視点で判断しがちなので、始めようとする業種が社会的・客観的に伸びているかどうか見極めるべきである。

独立するからといって、現在勤めている会社の仕事がまわってくるわけではない。新規開拓ができる業種であるかも調査する必要がある。

5：資金計画・調達 第2章

業種が決まったら、開業に向けて初期投資資金額がどのくらい必要か試算する。金額の大枠が出た時点で、自己資金、借り入れしなければならない金額がわかる。不足分については、どこからどのように引き出すか考えなければならない。

6：銀行口座の開設 第7章

新規事業用の口座を別途につくる。ここからが本格的な開店開業となる。物件探しのための費用なども経費で落とすことができるので、領収書もこまめに集めておくこと。また、この口座は借り入れ用の口座にもなる。新規事業の初めての銀行口座だ。

7：店舗・事務所探し 第3章

業種に合わせた物件探しを始める。業種によって広さや立地などが大まかにわかっているはずなので、不動産屋や知人などから情報を集めて物件を決定する。

8：銀行口座開設、電話回線の申し込み 第7章

物件が決まったら、近くの銀行で口座を開く。日々の売上金入金用のとしてのほか、クレジット会社からの入金用、公共料金の自動引き落とし用にもなる。電話番号は、開店前に制作するチラシやショップカードにも書き加える必要があるので早めに決めておくこと。

9：店の内外装を自分なりに考える 第5章

細かく詰める必要はない。大ざっぱでよいので、どんな店にしたいか、自分なりの方針を決めておく。

10：内外装工事の依頼 第5章

内外装業者を探して、具体的に仕事を依頼する。自分が考えている内外装のプランと予算を提示して、業者に見積書を作成してもらう。

11：家族の役割分担の再確認 第6章

仕事での役割分担はもちろん、家庭内の仕事の役割分担も具体的に詰める。ともすれば仕事上だけの確認で終わりがちだが、掃除、洗濯をはじめとする家事などの詰めもしておくべき。子どもが小さい場合は、両親にみてもらうということも考えられる。

12：スタッフの募集 第9章

家族労働だけでは無理との結論に達した場合は、スタッフ募集の準備をする。「やる気がある人なら誰でも」というだけではダメ。どんな仕事をしてもらう人が必要なのか、考えておくべき。

13：開店準備 第5章・第6章

物販業なら商品のセレクト、サービス業ならシステムの確認、仕事に必要な設備一式の手配など。納期管理はもちろん、注文したものが届いたかどうか、届いたものがきちんと作動するのかなど、開店準備は店のリハーサル。開店二週間前には終わらせたい。

14：広告宣伝 第8章

開店を何らかの方法で広く告知しなければ、店の前を通る人だけにしか情報が伝わらない。一日でも早くたくさんのお客様に新規オープンをお知らせするのが、一連の広告宣伝である。

15：リピーターをつくる 第8章

開店した店や仕事は、リピーター（お得意様）があってこそ存続することができる。いかに多くのお客様をリピーターにし、固定客にしていくかが、新規事業を軌道に乗せるための重要なポイントである。

16：経理事務と販売事務 ≫第7章

最初からきちんとするべき。事務がしっかりなされている事業は、それだけで社会的に信用される。結果がたとえ赤字であっても、なぜ赤字なのか、数字から分析することができる。黒字ならば、金融機関をはじめとする貸付側への資料となり、融資を受けるのに大変有利になる。その際にも、きちんと事務処理をしているオーナーの評価は高い。

17：スタッフを育てる ≫第9章

業種の存続にスタッフの力は大きい。いかにスタッフを育てるかが、オーナーの重要な仕事。

第1章
開店計画

1　経営者になるということ
2　業種を選ぶ

1

経営者になるということ

あなたは一国一城の主としてやっていけるか

サラリーマンから一念発起して、独立開業を目指す人は多い。

「こんな新事業を考えているのですがね」と雑談の途中で相手に相談すると、たいていの人は、「それは素晴らしい、応援しますよ」と答える。

しかし、その言葉をそのまま信じるのは早計だ。話した相手が仕入先や下請け先だった場合、それは現在のあなたの立場に対する追従である。「それはどうかと思いますがね」などと言おうものなら、あなたの機嫌をそこなうことになる。まとまりかけた商談がひっくり返ってはいけない。それだけの理由で、「あなた様の着眼点は素晴らしい」とおだてあげるのが、仕事をもらう側の礼儀であるからだ。

話した相手が仕事を出す側ならば、「なんだ、こいつは」と思うのがまともな反応だ。会社の看板を背負って商談に臨んでいるべきなのに、自分の新規事業のPR（それは、今の会社から自分の新事業に仕事を引き継ぎたいということでもある）をしている。これは、現在勤務している会社への背任行為でもある。あなたに対する不信感はもとより、こんな社員を平気で抱えている会社にまで不信感はおよぶ。

それならと、利害関係のない友人に相談してみる。「いいね、面白いね」「手伝うよ」「内外装はまかせて」など、具体的でうれしいエールを送ってくれたりする。

ところが、この友人がもっともあてにならない。なにしろ利害関係がないから、何を言っても放言ですむ。

残念なことに、人間の心の底には嫉妬や羨望があり、さらには、相手を利用できないかとの計算も働く。口先では応援するよと言っても、どこかで失敗を望んだり、友人の新しい事業でひと儲けできないものかと考えはじめているものだ。

独立して事業を始め、一国一城の主になるということは、誰にも頼らずに自分一人を信じ、すべての責任を自分が負うということだ。「あの人がこう言った」「この人が応援してくれると言った」などと言ったところで、その人が責任をとってくれるわけではない。最終的な責任は自分が負う。そのことがきちんとわかっている人、その覚悟がある人。それが、独立開業できる人である。

独立開業に向いている人、向かない人

会社組織は分業化されている。人と話すことが好きな人は営業に、内向的だけれどじっくりと自分の仕事をなしとげられる人は内勤と、それぞれの個性や特性に合わせて役割分担が決められて、会社はその人の長所を徹底的に生かすべく努力をする。

能力にプラスアルファ分を要求することはあっても、あきらかに不得手なことを要求することはまずない。会社は組織なので、それぞれの分担をしっかりやっていれば機能していくものだからだ。

会社という大きな組織のロボットであっても、そこで働く人は「自分は一人前の働きをしている」と感じさせる。

しかし、それはその組織（パーツ）にとっての一人前であって、オーナーとしての一人前の資質とはまったく異なる。

左に簡単な自己診断テストをつくってみた。あなたはいくつあてはまるだろうか。

あなたは独立開業に向いているか自己診断テスト

次の質問にYes、Noで答えてください。

1 社会情勢や流行に敏感である。

2 ものごとを計画的に考えて、具体的に文書にしたり図にして説明することができる。

3 人と会って話すのが好きだ。

4 会社を辞めるときに上司から引き留められた。もしくは引き留められると思う。

5 家族、とくに配偶者が独立開業することに賛成している。

6 自分の両親、もしくは近い親戚の中に、商売をしている人がいる。

7 つきあいの長い友人が多い。

8 現在、銀行などで定期積み立て預金をしている。

9 サラ金から借金をしたことはないし、これからもするつもりはない。

10 健康で体力には自信がある。

☞ **Yesの数が多いほど、あなたは独立開業に向いている。**

経営者としての自覚・価値観を持つということ

経営者になったら、すべてを把握する覚悟と能力があるかということを、自分自身がわかっていなければならない。

一般に、独立開業をすると、「自分はオーナーだから、重要なことだけ決めればよいのだ」と考えがちだが、それは間違っている。これから始めようとする業種のすべてができなければ、開業する資格はない。なぜならば、開業とその後に起きるすべての責任は、オーナーがとらなければならないからだ。ここがサラリーマンと決定的に異なる点である。どれだけ大きな失敗をしても（それが他人のせいでも）、サラリーマンは辞表を出せば責任をとったことになる。

しかし、業績の不振や失敗はオーナーと家族の人生そのものを狂わせる。極端なことを言えば、トイレ掃除から、仕事の運営、伝票処理まで、すべてをオーナーがやるだけの覚悟が必要なのだ。

経営者として必要な資質

✵ 経営能力 ✵

☞ 社会の動向や流行に敏感で、半年先、1年先を見極め、具体的な事業計画が立てられること。

✵ 営業力 ✵

☞ 取引先・客先と交渉ができる。人と会って話すのが苦にならず、フットワークが軽いこと。

✵ 事務・経理処理能力 ✵

☞ 店を運営していく上でのさまざまな事務処理、資金管理ができること。

✵ 人事力 ✵

☞ スタッフを育て、ともに働けること。

✵ 身体的・精神的能力 ✵

☞ 健康で、店を存続させるために努力し続けられること。

✵ 家族の協力 ✵

☞ 家族の理解・協力が得られること。

▶ **経営者として、これらすべてを兼ね備えている必要がある。ひとつでも欠けていたら、あなたは会社にとどまるべき。**

2 業種を選ぶ

業種選びのポイント

「儲かりそうだ」、「こういうのをやってみたかった」などの理由だけで、自分がそれまでに経験したことのないような新規事業に手を出すべきではない。社会人としての実績が何年間あっても、その間に培われているのは、いままで手がけた業種、業界である。

初めての開店開業は、知識や経験が生かせる業種が、もっとも手堅い。

では、その業種をずっと続けなければならないかというと、そうではない。商売は根本の部分では同じである。最初に始めた事業で「会社のオーナーの仕事」を身体で覚えれば、業種変更は十分可能である。

業種変更の際にもっとも必要なものは「ポリシー」である。単に「金儲けをしたい」、「楽をして食べていくことができる商売はないか」、「人が羨《うらや》む職業がいい」などの自分勝手な動機づけで業種を決めてはいけない。

業種選びのポイント

**初めて開店開業する場合は、
それまで経験してきた業種から始める。**

☞知識や経験、人脈が生かせる。ただし、それまでの経験に縛られて固定観念にとらわれ、自由な発想ができにくくなるので注意したい。

「ポリシー」を持つ。

☞ただ「儲けたい」とか「外聞がよい」というだけでは失敗する確率が高い。自分が好きなこと、自信が持てること、信じられることとは何か、よく考える。

**自分にとって、人より何倍も努力しても
苦にならないことは何かを考える。**

☞事業はまず努力し続けられることが成功のカギ。どんなに努力してもそれ自体が苦にならないような業種・職種なら、成功する確率は高い。

COLUMN○フランチャイズとは

フランチャイズで事業を始めるとはどういうことか

フランチャイズシステムのうたい文句は、「技術や経験がなくても、資金と能力さえあれば成功間違いなし」である。そんなフランチャイズ業界が活況である。初期投資金は数十万円から数億円までと幅広い。

フランチャイズ本部には、素人でも業務がこなせるように、ありとあらゆるものがマニュアル化され、準備されている。商品の供給、販売方法、販売促進、スタッフ教育など、事業を運営していくものすべてである。

フランチャイズに加盟すれば楽に独立開業でき、儲かるのではないかと考えても不思議ではない。しかし、本部の指示通りに動くことが、真の独立開業だろうか。

フランチャイズのメリット・デメリット

メリット

- 資金があれば、まったくの未経験分野でも開業できる。
- 本部のマニュアル通りに動けば、開店までの雑多な業務に携わる必要はない。
- 開店後も数カ月または数年間は、本部側のコントロールを受けられるので、客観的にはスムーズな独立開業となる。

デメリット

- 業種によっては、開店当初にある程度まとまったお金が必要になる。
- フランチャイズ本部との契約内容により異なるが、ロイヤリティと呼ばれる月々の指導料金の支払い、保証金の支払い、本部主催の会合への出席など組織の一員としての責任が発生する。
- 営業時間や定休日、イベントやセール、商品構成、売上金など、本部で管理され、制約が多い。

どうしてもフランチャイズで始めたい場合は

見方を変えれば、フランチャイズに加盟するということは、フランチャイズ本部の組織の一員に組み込まれるのと同じことである。

それでもやはりフランチャイズで始めたいというのなら、実際にフランチャイズをやっている店のオーナーをたずねるのがいちばんだ。開店前か開店後に目当ての店に行って詳しい話を聞こう。問い合わせは最低でも二店舗以上すること。話をしてくれないオーナーのフランチャイズには加盟しないほうがいい。

本部への問い合わせは、オーナーに実際の話を聞いてからにする。フランチャイズ本部は、マイナスの話は絶対にしないものだ。成功例を羅列して、加盟さえすれば初心者でも成功間違いなしと言い切るのが、フランチャイズ本部の営業マンの仕事である。

フランチャイズ店の開業資金例

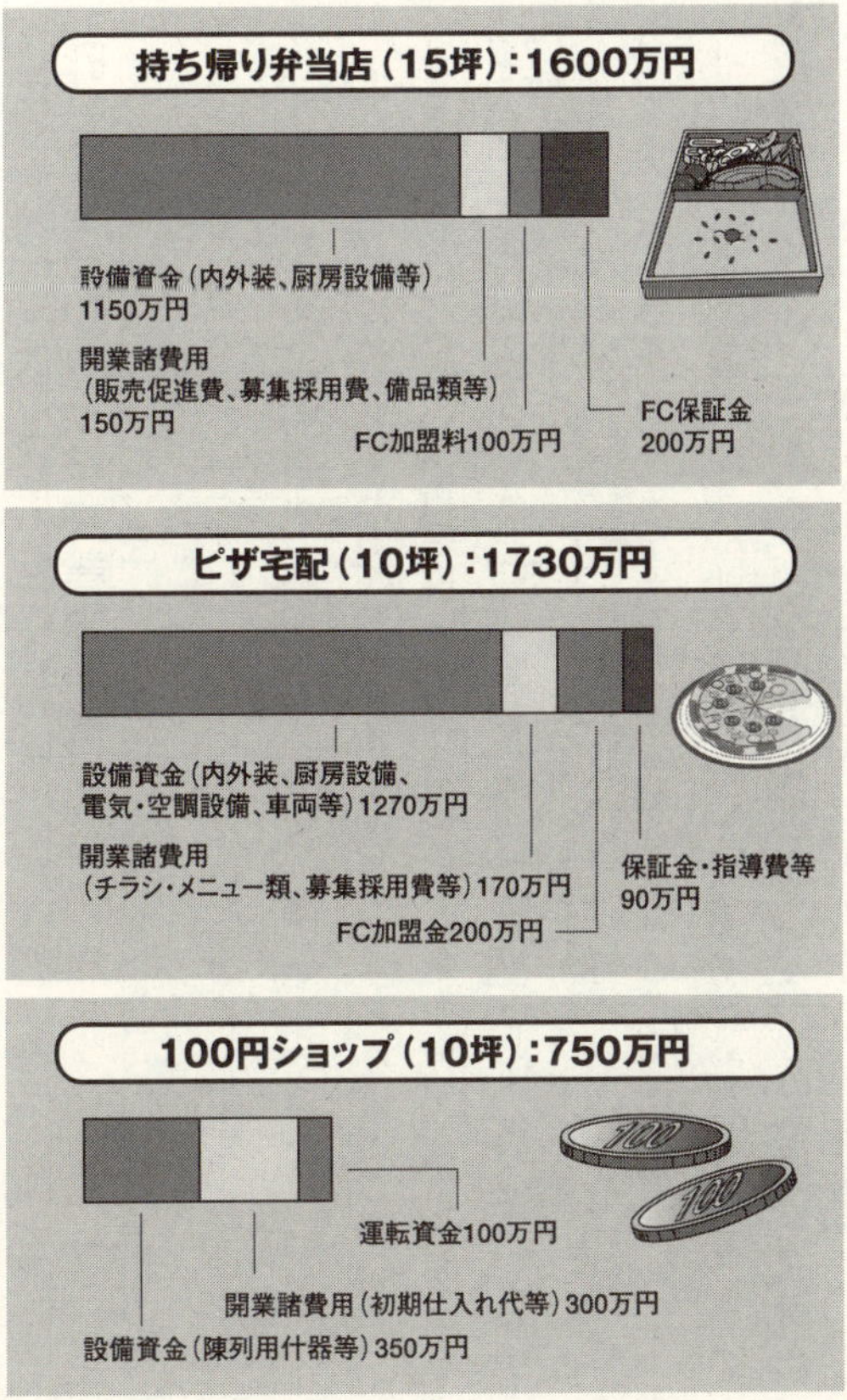
持ち帰り弁当店（15坪）：1600万円
設備資金（内外装、厨房設備等）
1150万円
開業諸費用
（販売促進費、募集採用費、備品類等）
150万円
FC加盟料100万円
FC保証金
200万円
ピザ宅配（10坪）：1730万円
設備資金（内外装、厨房設備、
電気・空調設備、車両等）1270万円
開業諸費用
（チラシ・メニュー類、募集採用費等）170万円
FC加盟金200万円
保証金・指導費等
90万円
100円ショップ（10坪）：750万円
運転資金100万円
開業諸費用（初期仕入れ代等）300万円
設備資金（陳列用什器等）350万円

昨今のフランチャイズ業界事情

「数百万円で開業できる」とうたうフランチャイズのほとんどは、フランチャイズ本部としての利益を得るために運営されているといっても過言ではない。

とくに、数十万円で始められて成功するフランチャイズ（あるいは代理店）システムなど絶対にない。極端に言えば詐欺だと言ってもいい。新しい業態をつくっては新規の顧客を募集し、加盟金を集めて逃げてしまうパターンが多い。数百万円から数千万円のシステムについては玉石混淆なので、実際に運営している状況を確認してから、くわしい内容を詰めていく必要がある。

また、昨今の大手フランチャイズ本部は、個人よりも法人の別事業としての展開策としてフランチャイズシステムを売り出している。このため、加盟料金をはじめとする初期投資金額が高く、数億円単位のものまで出ている。

第2章

開業資金

1　リスクの少ない資金計画のポイント

2　公的融資を賢く利用するには

1
リスクの少ない資金計画のポイント

退職金に手をつけない資金計画を

開店開業には、まとまったお金が必要となる。昨今では、サラリーマンの早期退職優遇制度を利用して、独立にふみきるケースが多い。

この場合、注意しなければならないことがふたつある。

ひとつは、独立した人がまだ若く、気力も体力も十分にあるので、「もうひと花咲かせねば」との強迫観念が働き、結果を早く出そうとあせることだ。会社に残った同僚よりもよい暮らしをしたい、早く辞めたことは自分にとって正しかったのだと信じたいからである。

けれど、世の中はそんなに甘くない。何十年、あるいは百年以上かけて培ってきた会社の看板があってこそできることのほうが多いものだ。たとえ自分が考えに考えた末に始めた新規事業でも、社会にとっては「あってもなくてもいいもの」であるというのが普通なのである。

極端な例をあげれば、私たちがふだん当たり前のように使用している水道だって、便利だし、今やなくてはならないものだが、井戸水で生活水をまかなっていた家庭にいきなり入り込んできても、すぐに受け入れられるわけではない。水道工事代金や水道料金を支払わなければならなくなることに異議を唱《とな》える人だっているのだ。

ましてや、すでにある業種に参入する場合は、そこで暮らす人たちは個々にその入手ルートを持っている。そこへ新しい店がいかに食い込むかが問題である。

開店したその月から利益が出たりする業種はまずないといっても過言ではない。どんなに早くても一年、長ければ三年の猶予期間をみたい。この際、その場の見栄は捨てて、じっくりと新規事業に取り組みたい。

もうひとつの注意点は、手にした退職金に安易に手をつけてしまうことだ。

とくに、優遇措置で得た割増金などは、「余分にもらった」「儲けた」という意識が強いし、支払った会社側も、「この資金で一旗あげてください」と送り出すケースが多い。そこで、「この金を新規事業のために使わなくてはならない」という別の強迫観念が生まれる。

しかし、よく考えてほしい。もし退職金を使い果たしてスタートした事業が失敗した場合、二度とまとまったお金が手に入るチャンスはないのだ。退職金は数十年間、会社勤めをしてきた自分自身の値段でもある。開店開業にあたり、退職金に手をつけなくてもすむような資金計画を立てたい。

退職金を開業資金にしようと考えている人は、家族の生活費の三年間分だけは別に貯金をしておくべきである。とくに子どもが小さい場合は、高校卒業までの一家の生活費を試算して、定期預金など、拘束性が高く安全なものにしておく必要がある。

「そんな預金をしたら、開業資金がなくなってしまう」と言う人もいるだろう。大丈夫。自分に一定額の拘束性預金があるということは、同額の価値があるということである。金融機関は、お金を持っていないが実際に必要とする人に貸付を実行することはありえないが、預金のある人には、その預金額までなら簡単に貸付を実行してくれるものだ。

すなわち、銀行側は低金利（現在なら一パーセント以下）で顧客からお金を預かり、同額を貸付金利（安いといっても、四〜五パーセント）で貸し付け、金利の差額

退職金に手をつけずにすむ資金計画

退職金	①	円
現在の貯蓄額	②	円

1 家族の生活費の3年分を貯蓄にまわす

1カ月の想定生活費		円
×36カ月＝	③	円

❖子どもが小さい場合は、高校卒業までにかかる生活費も試算して、上記に加えて定期預金にすることを考える。

2 開業資金にまわせる額

①＋②－③ ＝		円

❖足りない分を公的資金や銀行などから借り入れることを考える。なお、この時点ですでにマイナスになってしまった場合は、一から考え直したほうがよい。

分を利益とするわけだ。万一、返済金が滞れば、預金を取り崩せばよいわけだから、こんなにありがたいお客様はいない。

「それでは借りる側が損ではないのか」と言われれば、計算上はたしかに損である。自己資金だけを使用すれば、借り入れ利息を支払う必要は当然ない。しかし同時に、金融機関との信頼関係も成り立たない。

仕事を続けていく以上、資金は常に流動している。独立開業すれば、サラリーマン時代のように、毎月毎月決まった日に、確実に一定額が振り込まれるケースのほうが珍しくなる。入るはずだった売上金が予定通りに支払われないことだってままあるのだ。

いつ何時、急にお金が必要になるかわからない。安定した資金調達窓口を持っていることは、事業を運営していくうえで、もっとも重要な事柄である。

また、銀行の借り入れ枠は、返済が進めば進んだ分だけ空くことになる。退職金に手をつけることなく、月々の返済をしながら資金をまわしていくことができれば、事業は成功したといえる。

他人のお金をあてにして開店しても長続きしない

開店開業にあたって、総額の三分の一は自己資金としてぜひ用意したい。また、その資金は、自分で稼いだお金であることが望ましい。というのは、遺産相続とかスポンサー付きでの開店開業の場合、お金に対する意識がどうしても甘くなるからだ。

開店資金を貯めるまでに自分がどれだけ努力や我慢をしたかを身体で覚えていれば、これから使う資金に対する姿勢がおのずと変わる。

「身銭を切らない」と、仕事に対して真剣になることはできないものである。

なお、身内からの借金は基本的にすべきではない。貸すほうも借りるほうも甘えが出る。万一、返済できなかったときに「すみません」と謝ってすむ範囲内にしたい。

また、事業が動き出せば、金融機関からの借入金が発生する。そのときにかならず保証人が求められる。借金の保証人を頼むのも、親・兄弟までにしておく。できれば、親兄弟には、借金するよりも保証人になってもらうほうが重要である。

借り入れは独立前年度の年収の三倍以内に

開業にあたり、足りない分については各種の融資を受けるわけだが、借りられるからといって、必要以上に資金を集めるのは得策ではない。

どれだけ低金利の時代だといえ、よけいに借りた分だけの金利は発生するし、何より、借りたお金はもらったものではなく、返済しなければならないものだ。また、簡単にかき集めた資金は「簡単に手に入った」と錯覚しがちで、使い方が荒くなる。

開業のための借金は、業種、オーナーの年齢・性別に関係なく、独立する前年度の年収の三倍以内に収めたい。

というのも、それまでの年収の三倍以内の金額なら、万一、事業が失敗した場合でも、なんとか返済できる金額だからである。

背伸びをした金銭感覚は、事業を始めたばかりのオーナーがもっとも陥りやすい、失敗の要因である。

お金を借りるときのポイント

鉄則1

総額の3分の1は自分で稼いだお金でまかなうこと。

遺産やスポンサー付きの開業は、お金に対する認識が甘くなり、仕事に対しても真剣さが欠けてしまう。

鉄則2

身内からの借金は基本的にするべきではない。

どうしても借りるなら親・兄弟まで。親戚縁者から借りると、たとえ事業がうまく行っても一生恩に着せられる可能性がある。

鉄則3

開業のための借金は独立前年度の3倍以内に

この範囲内の借金なら、万一事業に失敗しても自力で返せる金額。3倍以上の借金は、それまで培った金銭感覚をも狂わせ、危険である。

鉄則4

必要以上の借金はしない

よけいに借りれば借りただけ、よけいに利息がつく。

2 公的融資を賢く利用するには

開店開業支援資金とは？

景気の低迷に伴い、公的融資制度が活発になってきている。たいていの場合、保証人不要で貸付金利も低く、しかも固定金利なので返済計画も立てやすい。国、都道府県単位、市町村単位でいろいろな制度ができている。

一般的なのは国民生活金融公庫で、これは、全国どこでも最寄りの支店で取り扱っている。申込書に記入して郵送すると、先方から、必要書類（事業計画書など）を持参のうえ説明に来るようにと言われるので、出向いて説明をする。

このとき、きちんとした数字の裏づけのある資料を持っていかないと、担当の人は検討することができない。不動産取得、不動産借り入れ、内外装費、設備資金、仕入れ資金など、大まかな目安でかまわないので書いていくこと。同時に、売上予定表と利益、返済計画書も作成する。

数字的な裏付けもなく、担当の人に一方的に自分の夢を語るだけでは、資金の借り

主な開業支援制度

国民生活金融公庫

http://www.kokukin.go.jp/
本店 TEL: 03-3270-1361
東京相談センター TEL: 03-3270-4649
名古屋相談センター TEL: 052-211-4649
大阪相談センター TEL: 06-6536-4649

☞ 新規開業特別貸付、女性・中高年起業家貸付、新規開業者経営改善貸付、食品貸付、生活衛生貸付など。

中小企業金融公庫

http://www.jfs.go.jp/
東京本店 TEL: 03-3270-1282・7994・6801

☞ 成長新事業育成特別融資、女性起業家・高齢者起業家支援資金など。中小企業者を対象としている。

詳細については各担当窓口に問い合わせるか、各機関のホームページを参照のこと。
このほか、各地方自治体でもさまざまな支援制度を実施している。

入れをすることはできない。

これら一連の作業は、自分が貸す側に立てばわかる。たとえば、あなたの友人が借金を申し込んできた場合、どうするだろうか。何にどう使い、返済日はいつなのかということを、あなたは当然たずねるだろう。また、たとえ目的と返済日がはっきりしていても、どう考えても返済不可能なら、あなたは貸したりしないのではないだろうか。公的制度も同様である。

国民金融公庫のほかにも、中小企業金融公庫や各地方自治体ごとに新規事業に対し、さまざまな制度融資を行なっている。詳細については、それぞれの地域に出向いて詳しい情報を得るといいだろう。

ただし、制度融資は募集期間や総額の予算があるため、常に借りられるとはかぎらない。個々の詳しい条件を確認してほしい。

また、自治体によっては、開業資金の半分を支援するとか、あるいは、実際の金品の支援はしないがデザイナーの斡旋《あっせん》やコンサルタントの派遣などのバックアップをしてくれる制度もある。

地方自治体の支援制度融資審査をパスするコツ

各地方自治体は、独自で資金制度融資を行なっている。記入する形式はさまざまだが、以下の点に注意したい。

●風俗関係は通らない

業種の制約は厳しくはないが、風俗関係は風紀秩序を乱すのでダメ。

●許可や資格を要する業種は資格が必要

許可や資格を要する業種（保育園、薬局、会計事務所など）は、本人または配偶者が資格を持っていないと説得性がない。

●試算表はかならず提出すること

試算表の提出は絶対必要なので、投下資本、家賃、人件費などの経費の算出と、採算分岐点、売上金額のシミュレーション表を作成する。試算表で赤字になるようなら、制度融資にパスはしない。利益を計上して、そのなかから返済していくという計画を立てる必要がある。

●図面や写真を添付すると有利

具体的な図面（不動産物件図、店の外観の予想スケッチ）などがあると、あきらかに有利。審査員も、文字だけの説明よりずっとわかりやすい。写真などを添付すればなおよい。

●文字は黒のペンでていねいに書く

字はていねいに読みやすいものがいちばん。書きなぐったような申込書では、「この程度の気持ちか」と審査側に思われてもしかたない。黒のペン書きがもっとも好印象を与える。

●書類の質問事項にはすべて答える

質問事項はすべて埋める。即答できないような質問があっても、空欄にしておくのではなく、「未定」「調査中」などの事実をきちんと記述すること。

●ウソは書かない

ウソは絶対に書いてはならない。

申し込みから審査までの流れ

①申込書をもらう

窓口：都道府県、市町村役場の担当部門、または商工会議所

②申込書に記入する

③提出日をチェックして期限内に提出

受領印を忘れずにもらうこと。

審査期間

種類によってまちまち。1カ月〜6カ月かかるものまで。

合格

・あらかじめ提議されていた融資やサービスを受けることができる。
・住民票、印鑑証明、納税証明書などを用意しておく。

不合格

・当期においての不合格なので、担当の人になぜ不合格になったのか、問い合わせることも可能。
・次の機会にチャレンジする。

空き店舗対策事業とは?

車社会の発展により、ほとんどの地方都市では、従前の商店街から郊外型大型店舗へと、商圏が移動している。また、道路が整備されて、それまでは片側一車線だった道が二車線、三車線の幹線道路となった場所も多い。

すると、それまでは道路を横切って反対側にある次の店へと移動できたお客が、道路を簡単に渡ることができなくなり、道路の片側でしか買い物をしなくなるという状況が発生する。

このため、十数年前までは町いちばんだった商店街が、いまや「シャッター商店街」と揶揄《やゆ》されてしまったりしている。

原因は道路だけではない。店で商品が売れなければ、新たに人を雇い入れるどころか、一家の生活費さえおぼつかなくなる。そこで、本来なら後継者となるべき人が、確実に稼ぐべく外に働きに出る。

店は古い体質のまま存続するわけだが、時間が経緯するにつれて、縮小や廃業を余儀なくされる。すると、店のシャッターがまたひとつ閉じられて、商店街としての魅力はますますなくなり、お客は郊外の大型店舗に押し寄せる、という悪循環が始まっている。

そこで、全国各地で提案・実行されているのが、「空き店舗対策事業」である。

この事業は、おもに地元の商工会議所が主体となって実施されているが、市町村単位で推進している場合もある。

この事業の主目的は、シャッターが閉まったままの店をなくし、地域の商店街を活性化させること。そのための支援制度は多様で、家賃の一年間無償提供、商工会議所による保証金の立替、内外装費の一部負担、広告宣伝費の支給などさまざまである。

これらの制度を利用すると、初期投資は少額ですむので、条件さえ折り合えば、ぜひ利用したい。

詳細は、店を出したい町の商工会議所に問い合わせるといい。地域により支援制度が異なるので、いくつかの候補地が決まったら、出向いていろいろ質問してみよう。

商工会議所の支援事業とは?

全国各地にある商工会議所は、地元の商工業発展のためにさまざまな支援事業をしている。

前述した公的資金の借り入れ相談業務や勉強会、講演会、異業種交流などの企画も多い。これらは基本的に商工会議所の会員向けのものだが、これから仕事を始めようとしている人も大歓迎だ。事情を話せば、商工会主催のイベントに参加することもできる。

また、商工会議所は地元と密着しているので、地元の情報をいちばん確実につかんでいる。商圏人数、男女比、年齢別分布、世帯あたりの年収、可処分所得など、自分がやりたい店に相応するお客がこの町にいるのかどうかを調べるのに、役に立ついろいろなデータを教えてもらうこともできる。出店先を決める際には、担当者に話をして、おおいに活用したい。

各都道府県の商工会議所連合会一覧

北海道	〒060-0001	札幌市中央区北1条西2丁目2-1　北海道経済センター TEL:011-231-1122
青森	〒030-8515	青森市橋本2-2-17　青森商工会議所内 TEL:0177-34-1311
岩手	〒020-0875	盛岡市清水町14-12　盛岡商工会議所内 TEL:0196-24-5880
宮城	〒980-0014	仙台市青葉区本町2-16-12　仙台商工会議所内 TEL:022-265-8181
秋田	〒010-0923	秋田市旭北錦町1-47　秋田商工会議所内 TEL:0188-63-4141
山形	〒990-8501	山形市七日町3-1-9　山形商工会議所内 TEL:0236-22-4666
福島	〒960-8041	福島市大町4-15　福島商工会議所内 TEL:024-521-3333
茨城	〒310-0801	水戸市桜川2-2-35　茨城県産業会館3F TEL:029-226-1854
栃木	〒320-0806	宇都宮市中央3-1-4　栃木県産業会館3F TEL:028-637-3725
群馬	〒371-0026	前橋市大手町3-3-1　群馬県中小企業会館2F TEL:0272-32-1888
埼玉	〒311-0852	大宮市桜木町1-7-5　ソニックシティイビル7F TEL:048-647-4115
千葉	〒260-0013	千葉市中央区中央2-5-1　千葉中央ツインビル2号13F TEL:043-222-7110
東京	〒100-0005	千代田区丸の内3-2-2　東京商工会議所内 TEL:03-3211-6025
神奈川	〒231-0023	横浜市中区山下町2　産業貿易センタービル7F TEL:045-671-7481
新潟	〒951-8068	新潟市上大川前通7-1243　新潟商工会議所内 TEL:025-223-6271
富山	〒930-0083	富山市総曲輪2-1-3　富山商工会議所内 TEL:0764-23-1111
石川	〒920-0918	金沢市尾山町9-13　金沢商工会議所内 TEL:076-263-1151
福井	〒918-8004	福井市西木田2-8-1　福井商工会議所ビル内 TEL:0776-36-8588
山梨	〒400-8512	甲府市相生2-2-17　甲府商工会議所内 TEL:0552-33-2241
長野	〒380-0904	長野市七瀬中町276　長野商工会議所内 TEL:026-226-6432
岐阜	〒500-8727	岐阜市神田町2-2　岐阜商工会議所内 TEL:058-264-2131
静岡	〒420-0853	静岡市追手町44-1　静岡産業経済会館内 TEL:054-252-8161
愛知	〒460-8422	名古屋市中区栄2-10-19　名古屋商工会議所内 TEL:052-223-5611

三重	〒514-0004	津市栄町1-891　合同ビル6F TEL:059-227-1666
滋賀	〒520-0806	大津市打出浜1-3　大津商工会議所内 TEL:077-525-1108
京都	〒604-0862	京都市中京区烏丸通夷川上ル少将井町240　京都商工会議所内 TEL:075-212-6400
大阪	〒540-0029	大阪市中央区本町橋2-8　大阪商工会議所内 TEL:06-6944-6215
兵庫	〒650-0046	神戸市中央区港島中町6-1　神戸商工会議所内 TEL:078-303-5801
奈良	〒630-8586	奈良市登大路町36-2　奈良商工会議所内 TEL:0742-26-6222
和歌山	〒640-8567	和歌山市西汀丁36　和歌山商工会議所内 TEL:0734-22-1111
鳥取	〒680-8566	鳥取市本町3-102　鳥取商工会議所内 TEL:0857-26-6666
島根	〒690-0886	松江市母衣町55-4　松江商工会議所内 TEL:0852-23-1656
岡山	〒700-0985	岡山市厚生町3-1-15　岡山商工会議所内 TEL:086-232-2255
広島	〒730-0011	広島市中区基町5-44　広島商工会議所内 TEL:082-222-6610
山口	〒750-8566	下関市南部町21-19　下関商工会館2F TEL:0832-34-1104
徳島	〒770-0902	徳島市西新町2-5　徳島商工会議所内 TEL:0886-53-3211
香川	〒760-8515	高松市番町2-2-2　高松商工会議所内 TEL:087-825-3500
愛媛	〒790-0067	松山市大手町2-5-7　松山商工会館4F TEL:089-941-4111
高知	〒780-0870	高知市本町1-6-24　高知商工会議所内 TEL:0888-75-1177
福岡	〒812-8505	福岡市博多区博多駅前2-9-28　福岡商工会議所内 TEL:092-441-1111
佐賀	〒840-0831	佐賀市松原1-2-35　佐賀商工会館内 TEL:0952-24-5155
長崎	〒850-0031	長崎市桜町4-1　長崎商工会議所内 TEL:095-822-0111
熊本	〒860-0022	熊本市横紺屋町10　熊本商工会議所内 TEL:096-354-6688
大分	〒870-0023	大分市長浜町3-15-19　大分商工会議所内 TEL:0975-36-3131
宮崎	〒880-0805	宮崎市橘通東1-8-11　宮崎商工会議所内 TEL:0985-22-2161
鹿児島	〒892-8588	鹿児島市東千石町1-38　鹿児島商工会議所内 TEL:099-225-9500
沖縄	〒900-0033	那覇市久米2-2-10　那覇商工会議所内 TEL:098-868-3758

第3章

店舗探し

1　どのような場所に店を出すか
2　店舗選びの最終チェックポイント
3　不動産業者とのつきあい方

1 どのような場所に店を出すか

町のイメージに惑わされない

それぞれの町に個性があるが、町のイメージにとらわれすぎると、店舗選びの範囲が狭くなる。不動産物件は文字通り動かないから、いくら「この場所に店を出したい」と言ってみても、どうぞと空けてもらえるわけがない。むしろ、自分が店を出すことで、その町のイメージを新たにつくるのだというくらいの意気込みがほしい。

とある下町の駅ビルから私たちの店に出店依頼があったとき、商品と町のイメージが合わないからと断ったことがあった。けっきょく説得されて出店したのだが、私たちの予想は大きくはずれた。開店直後からすごい勢いで売れたのだ。

同業者がいないということは、競争がなく商売が始められることでもある。同業者が多い場合は、この町に自分が売ろうとしているものを求めにお客様がやってくるのだと考える。このように、どのような条件であってもプラス思考でオーナーが臨まなければ、店の成功はない。

町のイメージのプラスとマイナス

高級住宅街

- 生活レベルの高い層が多い。購買力がある。高級で高額な商品でも買ってもらえる。

↕

- すでにひいきの店が決まっている人が多く、新規参入は難しい。

下町

- 庶民的なイメージ。おしゃれな店は合わない。

↕

- おしゃれな店が少ないので、かえって需要が多い。

↓

どんな個性にも、プラス面もあればマイナス面もある。大切なのは、オーナーが自分の信念を持ってプラス思考で店を運営していくことである。

立地別の特性と注意点

住宅地

↓販促をマメに行ない、息の長い商売を

開店してすぐに採算ベースに乗せることは難しいが、開店コストはもっとも安くすむ。チラシなどの販売促進をマメに行なうことで息の長い商売をしていく。ただし、近隣にどんな人が住んでいるかで状況が変わるので、決定前にあいさつがてら様子を聞いてからスタートしたほうが無難。

住宅地隣接商店街

↓物件も多いがバラツキも多い。商店街の一員としての義務も発生

古い貸し物件が多いのがこのタイプ。初期投資金額も比較的安くすむ。ただし、物件の程度は千差万別なので、店舗の内外装や設備をきちんと調べる必要がある。物件

によっては内外装工事費が高く、建て替えたほうが安いものもある。

また、商店街の一員としての義務がどの程度あるのかも調べること。夏祭り、秋祭りなどの地元民間行事は商店街主導型となっている場合がほとんどなので、役割分担や経費負担などの金額も聞いておく必要がある。そのほかに、商店街独自のスタンプサービスや駐車場券サービスに加わる義務などもある。

新興住宅地隣接型

↓初期投資額が多いが、比較的軌道に乗せやすい立地。新築物件も多い

保証金などもしっかり取られ、初期投資金額も多いが、比較的軌道に乗せやすい立地である。ただし新興住宅地といってもさまざまで、賃貸物件の比率が多いほうが、お客様の購買率は高い。

逆に、分譲タイプが多いと街並みはきれいだが、ローンに追われているケースも多く、買い物まで家計費がまわらない場合もあるので、賃貸と分譲との比率や、分譲時期などを調べること。

物件自体は少ないものの、新築物件が多いのが特徴。この場合、「スケルトン渡し」と呼ばれる、鉄骨がむき出し状態の物件が多く、内外装費が高くなる。

中古物件の場合は、前の店の内装や設備を引き継ぐ形になるので、別に設備一式を買い取るという状況が起きる。価格はまちまちだが、新しく設備を入れるよりも安いケースがほとんどである。話し合いによっては値引いてもらうことも可能だ。

ロードサイド

↓固定客を獲得できれば息の長い商売が可能

「車の交通量の多さ＝集客力」とは単純にいえないが、いったん固定客をつけてしまえば息の長い商売ができる。とくに大手スーパーの隣接地などは、スーパーでの買い物帰りの客を拾うこともできて一石二鳥でもある。

ただし、昨今は大手スーパーの倒産や撤退が相次いでいるので、スーパーの集客力だけに頼るのは危険。

大きな目立つ看板を掲げて、店の存在をアピールし続けることなども重要である。

駅前商店街

→商店街の勢いや人の流れを観察して立地を決める

商店街の規模や格付け、大家の気持ちひとつで、初期投資資金はピンからキリまでさまざまだ。後継者問題や業種の衰退、店舗の建て替えなどの理由で、それまでの商店主が大家になるケースが多い。

商店街全体の勢いや、人の流れを見ることが重要である。駅前なので当然、つねに人通りはあるが、ここで大切なのは、単に駅に向かう通路としかみなしていない人の割合をはかることだ。

このはかり方は簡単。平日と休日、それぞれの一日の人の流れを観察し、比較することで、商店街の勢いを知ることができる。当然、平日や休日の人出が多い商店街のほうがよい。

また、商店街によっては独自のイベント（七夕かざり、夏祭りなど）があるので、参加義務や費用についても確認しておく必要がある。

繁華街

↓集客力バツグンだが、同業者が多すぎて固定客がつくりにくい

「ここがいい」と思っても、まず空き店舗が出ないのが、デパートなどの商業施設が集中している繁華街。

仮に物件が出たとしても保証金や家賃がとてつもなく高いことが多く、素人にはなかなか手を出しにくい。

比較的手が出やすい物件としては、地下や二階店舗がある。基本的には、二階や地下店舗の出店は避けるのが望ましいが、人通りの多い繁華街の場合は、他の立地での地下や二階店舗に比べれば、集客はそう難しくない。

しかし、だからといって、地下や二階店舗の出店を安易に選ぶべきではない。理由は、集客力が高すぎることで、つねに人が動いてはいるが、生活動線（日常上の動き）ではないので、過信してはいけない。

また、同業者が密集しているために固定客がつくりにくいのも弱点といえる。

立地別の特徴①

住宅地隣接 商店街	住宅地	
・近隣に住む人が主な客層なので、商圏は狭い。 ・固定客を増やせば、息の長い商売ができる。	・開店してすぐに採算ベースにのせるのは難しい。 ・じっくり構えて商売をするには適している。	特徴
中	低	集客力
・多い。 ・古い賃貸物件が多く、程度も千差万別。	・少ない。 ・自宅の一部を店舗にする場合も多い。	物件
比較的安い	もっとも安い	開店コスト
・商店街の一員として、いろいろな義務が生じる場合がある。 ・きめの細かい販売力やサービスで評判を高める努力が必要。	チラシや広告などで店の存在をアピールすることが不可欠。	注意点

立地別の特徴②

ロードサイド	新興住宅地隣接型	
・車で来店するお客様が中心。 ・固定客をつくれば、息の長い商売が可能。	・比較的経済力のある層が多いので、軌道に乗せやすい。 ・賃貸層の比率が多いほうが購買力は高い。	特徴
・単独出店の場合、集客は難しい。 ・大手スーパーなどが隣にあると集客力大。	高	集客力
・比較的多い。 ・新規物件が多く出ている。	・少ない。 ・他の立地に比べ、新築物件が多い。	物件
条件により幅がある	高い	開店コスト
・大きな看板などを掲げて、店の存在をアピールすることが不可欠。 ・大手スーパー横で集客力バツグンと思っていても、閉店すれば孤立する恐れあり。	賃貸と分譲の比率や分譲時期を調べるなど、事前調査が必要（分譲が多い場合、景気が悪化すると購買力が下がる可能性がある）。	注意点

立地別の特徴③

繁華街	駅前商店街	
デパートなど商業施設が集中しているため、集客力も高いが競争相手も多い。	・人通りが多く、活気がある。 ・商売をするには、軌道に乗せやすい立地。	特徴
たいへん高い。	高い。ただし、人通りの多さ＝客の多さとはかぎらない。	集客力
空き店舗が出ることはめったにない。	地域にもよるが、もっとも空き店舗が多く出ている。	物件
非常に高い。	条件により幅がある。	開店コスト
・同業者が密集しているために、固定客がつくりにくい。 ・固定客をつくるには、相当の販売戦力と実行力、努力が必要。	・商店街の勢いと、人の流れを観察する。買物客ではなく、単なる通行人である場合も多い。 ・商店街の一員として、さまざまな義務が生じることもある。	注意点

二階の価値は一階の一〇分の一

町を歩いていてごく自然に視線の位置に店があるというのは、重要なことだ。店の存在をすぐに気づいてもらえる点で、一階に店舗があるメリットは非常に大きい。その意味でも、二階や地下物件は、そうとう立地がよいところでないかぎり、物販業には不向きである。階段を昇ったり降りたりするのはけっこう面倒くさいし、一度入ったら、出てきにくいのではないかという心理的な圧迫がある。そのわずらわしさにかかわらずお客が店に足を運ぶというのは、よほど興味を引くものがその店にあるか、何か明確な目的がある場合にかぎられるだろう。

ただしこれは、単独店での二階や地下物件の場合の話で、複数の店が入居する複合ビルにはあてはまらない。また、地下街の商店街については、立地としては地下だが、店の前を歩く人との床の高さが同じなので、一階店舗と条件は同じといえる。あくまで、店の前の通りと店の相対的な位置関係で見た場合の二階という意味である。

65 第3章 店舗探し

階数別のメリット・デメリット

デメリット ／ **メリット**

2F以上

デメリット
- 店の存在が気づかれにくい。
- お客様が入ってきづらい。

メリット
- 1Fに比べれば家賃が安い。
- マンガ喫茶や金融業、チェーン展開の居酒屋など、特定の目的やネームバリューがある場合は2F以上でも問題ない。

1F

デメリット
- 家賃が高い!

メリット
- 店の存在にすぐ気づいてもらえる。
- お客様が気軽に入ってきやすい。

B1F

デメリット
- 店の存在が気づかれにくい。
- お客様が入ってきづらい。
- 排水や各種設備に注意が必要。

メリット
- 2Fより家賃が安い。
- 2F以上と比べると、多少お客様が入ってきやすい。
- 音が外にもれにくい。
- 落ち着いた雰囲気がある。

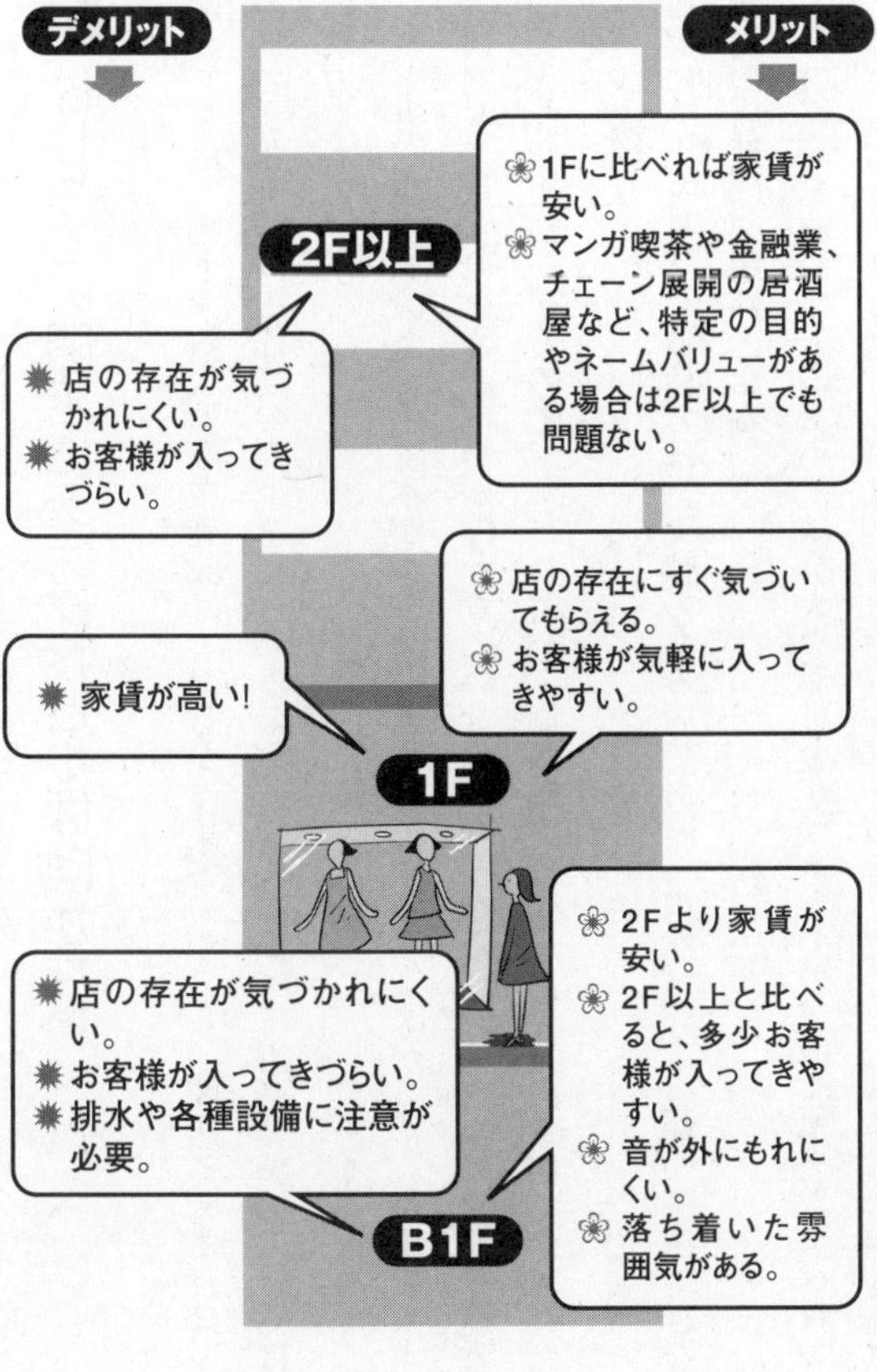

はじめての開店にテナントビルは向かない

駅ビルをはじめとする大型商業施設は、たしかに集客力がある。開店さえすれば、その日のうちからある程度の売上を見込めるのが、なんといっても商業施設のいちばんの魅力である。

けれども、商業施設は大手資本がつくり、運営しているケースが多く、新規参入する人に対しては、ほとんど門戸が開かれていない。なぜなら、商業ビルの建設や運営には莫大な費用がかかるので、デベロッパー側は確実に売上を見込める店しか入れたがらないからだ。

確実に売上を見込める店とは、実績のある店である。当然、売上金額が予測できない新規の店舗は問題外となる。

さらに、商業施設に入るためには莫大な保証金がつきもので、内装業者もデベロッパー側から指定されるケースがほとんどである。その指定業者の工事金額の相場も似

テナントビルのメリット・デメリット

メリット

- 知名度があり、集客力が高い。
- 日々の売上金は管理事務所で集金・管理してくれるので、銀行に行く手間が省ける。
- ビル全体で火災保険などに加入しており、開店時と閉店時には見回りをしてくれる。
- 社員教育が徹底している。

デメリット

- 保証金や家賃が高い。
- 営業時間や定休日がオーナーの自由にならない。
- 内装工事業者が指定されている場合が多く、ほかで頼むよりも割高である。
- セールや宣伝・広告などはビル全体で行なうので、それに従わなければならない。
- 公共部分の管理などにかかる経費が高い。
- すぐに手元に現金が入らない。

たようなもので、値切ったりすることは可能だが、半額になることはない。

それらを克服して開店にこぎつけても、家賃をはじめとする共益費、広告宣伝費など、ビルのテナントとしての負担は大きい。一般に、家賃比率は売上の一〇パーセント前後というのが採算分岐点に達するための目安だが、ビルの場合は家賃比率が二〇パーセント前後となることが多く、採算分岐点も上がる。

さらに、店の定休日や営業時間はビル全体の定休日や営業時間に準じるので、オーナーの都合などで自由に決めることができない。そのためのスタッフを揃えるのもたいへんだ。

テナントビルの営業時間は午前一〇時から午後八時までというのが一般的だが、昨今では営業時間延長を打ち出すビルも出はじめてきた。当然、販売スタッフの延べ労働時間は増え、人件費も増える。すると、採算分岐点はさらに上がることになる。

だから、よほど日々の売上が多い業種や粗利益率が高い業種、または営業時間延長に応じて確実に売上が増えるような業種をのぞいては、不利な条件が多い立地といえる。はじめての開店では、テナントビルへの出店は考えないほうが賢明だ。

穴場は地元商店街との共同ビル

どうしてもテナントビルに出店したい、出店後は確実に売上を出せるという自信のある人には、地元商店街との共同ビルをおすすめする。

地元商店街との共同ビルとは、商店街の近くまたは一角に新しくビルを建てる計画があり、ビルを建設したことでその商店街の一角または近くの商店街に影響をおよぼす場合に、その影響を受ける店は地権者扱いとなって、ビル内に店を構える権利がある、というものだ。

権利を持っているオーナーのなかには、その共同ビル内で営業していく自信がないという人もいる。そのような人にアプローチすれば、「また借り」というかたちで店を出すことが可能だ。

これについては、商工会議所などを通して紹介してもらえることがあるので、関心のある人は問い合わせてみるといいだろう。

「居抜き」のメリット・デメリット

「居抜き」とは、物件を借りる際に、前に入居していた店で使っていた内装（カウンターやつくりつけの棚など）や設備（厨房設備、食器類）をそのままそっくり買い取り、その料金を前のオーナーに払うことをいう。おもに飲食店などに多い。

飲食業の場合、店の価値のほとんどは内装にあるといっても過言でない。店の雰囲気がお客様の来店数を大きく左右する。また、厨房設備にはたいてい大金が投資されている。食器類なども整っているので、スタッフさえ揃えば翌日からでも営業できるのが、居抜き物件の魅力だ。店名までそのまま使用できることも多い。

一見、いいことづくめの居抜き物件だが、問題点も多い。居抜きの買い取り料金は大家とではなく前のオーナーとの交渉になり、相手によっては、つくり変えたほうが安あがりの場合さえある。きちんと交渉をして、どこからどこまでが居抜きの対象なのか、細かく確認してから契約するのが賢明である。

「居抜き」のメリット・デメリット

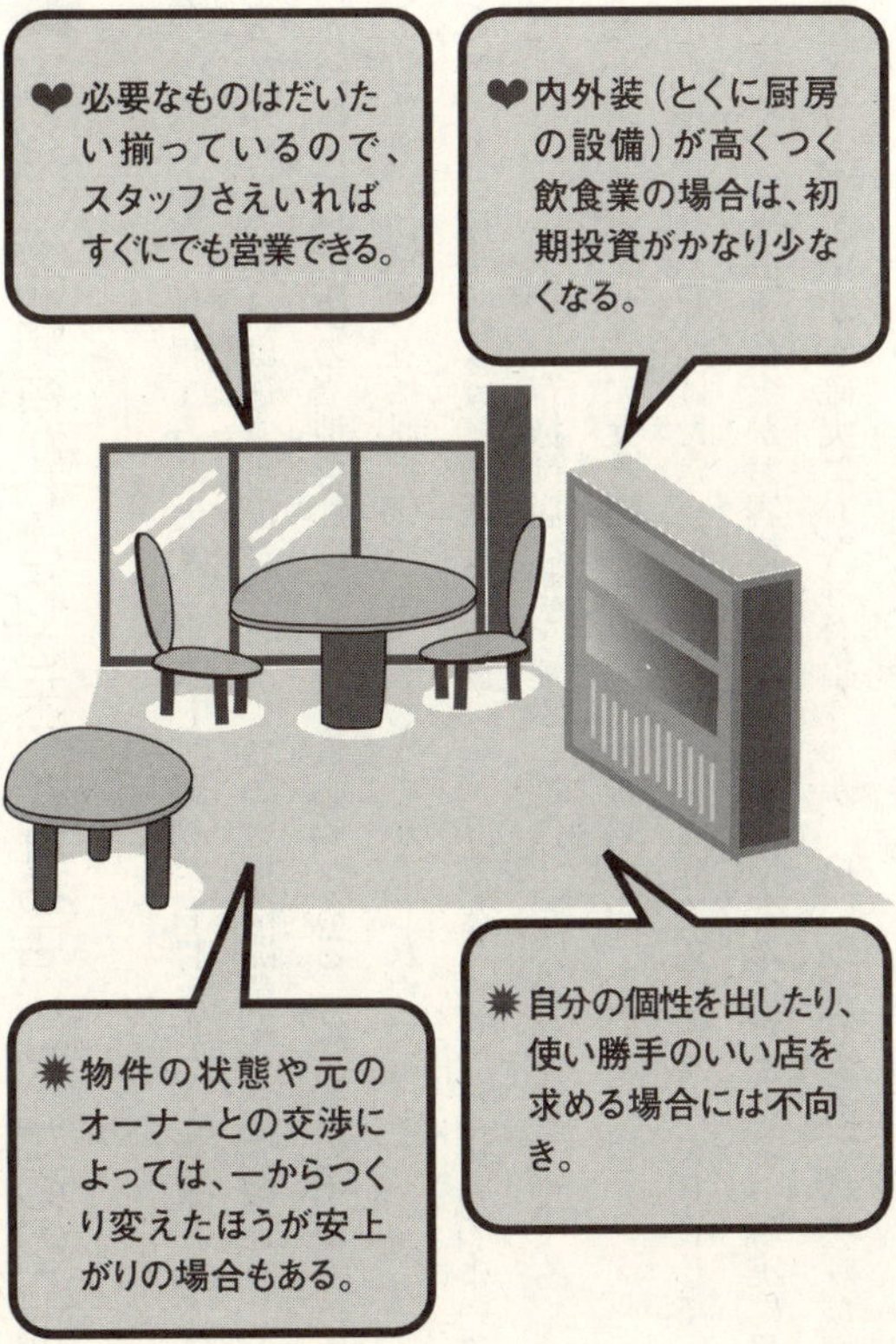
❤必要なものはだいたい揃っているので、スタッフさえいればすぐにでも営業できる。
❤内外装（とくに厨房の設備）が高くつく飲食業の場合は、初期投資がかなり少なくなる。
✹物件の状態や元のオーナーとの交渉によっては、一からつくり変えたほうが安上がりの場合もある。
✹自分の個性を出したり、使い勝手のいい店を求める場合には不向き。

五〇〇人の顧客がわざわざ来てくれる店になるための立地

五〇〇人の顧客を獲得することが、開業して最初の目標となる。普通の店なら、五〇〇人の固定客がつけば運営可能だからだ。この目標は開業一年以内に達成したい。そのためには、最低限の立地条件はクリアする必要がある。畑の真ん中にポツンと開業してみても、店の存在に誰も気づきすらしないかもしれない。

しかし、ものは考えようで、たとえ周囲に人通りがなくても、気持ちのよい風や空気に包まれていれば、お客様は店に足を運ぶ。逆に、どんなによい立地でも、まわりの環境が悪ければ、店内に足を踏み入れてくれない。

よい立地の物件を見つけたら、いかに店の存在と売っているものをPRしていくかだけである。昨今の車社会がお客様の行動範囲をどんどん広げている。現実に目の前に存在する人出の中から確実にお客様を拾うのか、広い地域からお客様を呼び寄せるような店づくりをするのかは、オーナーの考え方しだいだ。

500人のお客様が来てくれる立地条件

1階であること

☞2階や地下は歩いている人の視界に入りづらい。たとえ目に入って店の存在を認識してくれたとしても、2階や地下の店にわざわざ入ってきてくれる人は少ない。

活気があり、客筋が店に合っていること

☞異業種の店ばかりより、同業種の店が多い立地のほうが、お客様が「選ぶ楽しみ」を持て、店に入ってきてくれる可能性が高い。

大通りに面した立地は、人通りの多い側を選ぶ

☞大きな通りは川の流れと同じ。片側がにぎやかだからといって、もう片側も同じとはかぎらない。人の流れをよく観察すること。

買い物客と単なる通学・通勤者とを見分ける

☞人通りが多くても、単に通勤・通学の通り道ということもある。どんな目的の人が店の前を通るか見分けること。

曜日や時間によって変わる人の流れをしっかり観察する

店はお客様あってのもの。ダイレクトメールやチラシなどでの集客以外に、店の前を通る人たちをいかに店の中に引き込むかというのも、店を軌道に乗せるためには重要なポイントだ。開店する店のカラーが、店の前を通り過ぎていく人たちの年齢や服装、生活に合っていればいるほど、店の集客力は高くなる。

そこで、ここはと思う貸し店舗を見つけたら、曜日や時間をずらして、店の前をどんな人たちがどのくらい通り過ぎるのか確認しよう。近くに喫茶店などがあれば、刑事よろしく張り込みをする。そんな場所がない場合は、不動産屋さんに頼んで店の鍵を借り、店内から外の様子を一日眺め続ける。また、平日と祝祭休日は人の流れが大きく変わるので注意し、天候もチェックする。雨は人の流れに大きく影響する。周囲のちょっとした施設や設備（テントやアーケード）などにどう流れていくかも見極める。この作業は時間と根気を要する作業だが、契約締結前にぜひ実行したい。

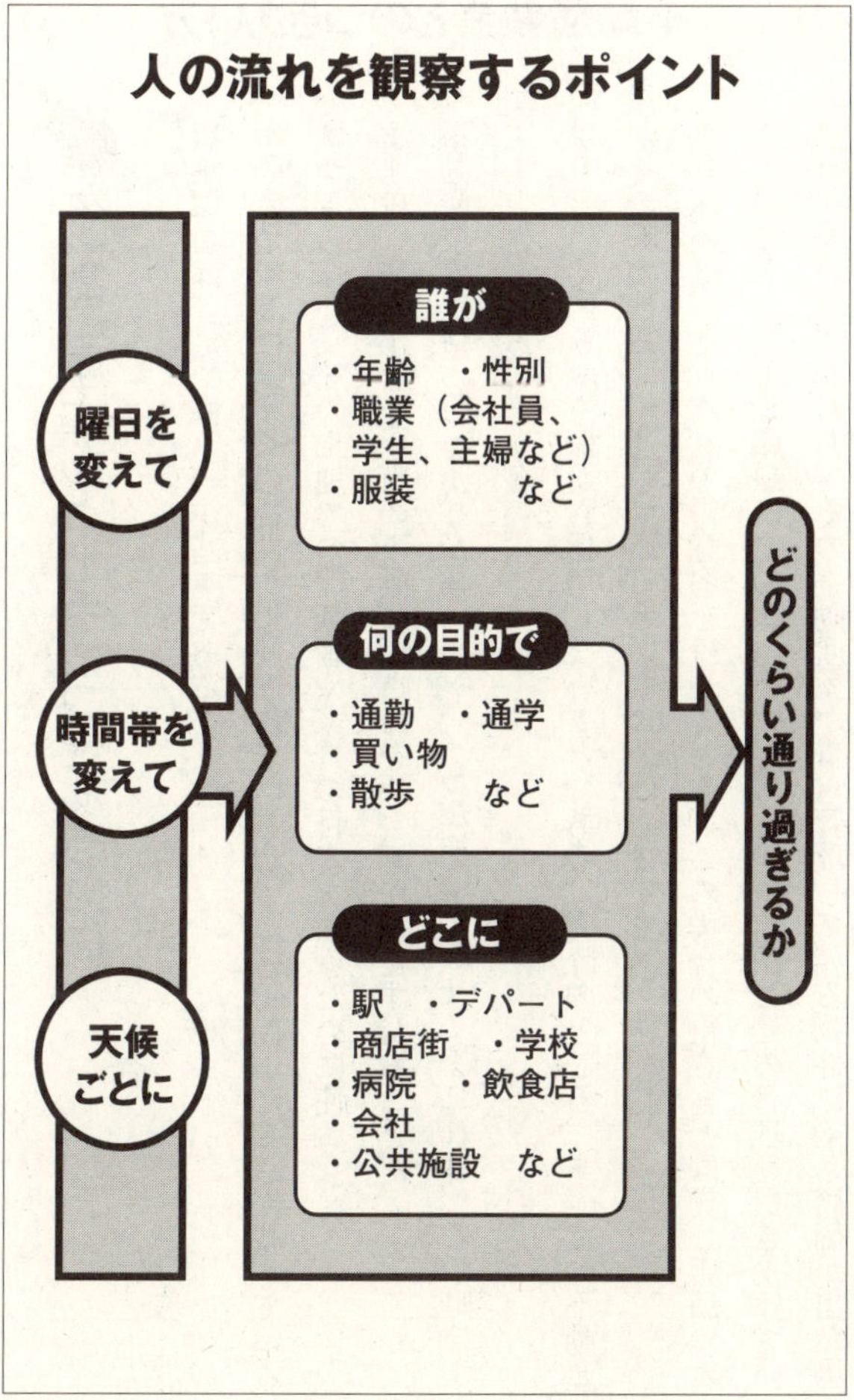
人の流れを観察するポイント
曜日を変えて
時間帯を変えて
天候ごとに
誰が
・年齢 ・性別
・職業（会社員、学生、主婦など）
・服装 など
何の目的で
・通勤 ・通学
・買い物
・散歩 など
どこに
・駅 ・デパート
・商店街 ・学校
・病院 ・飲食店
・会社
・公共施設 など
どのくらい通り過ぎるか

3 不動産業者とのつきあい方

不動産屋さんと上手につきあうには

店舗探しは、足で稼ぐのが基本である。

不動産情報誌には多くの物件が掲載されているが、よい物件がたくさん載っているとはかぎらない。その土地での保証金や家賃の目安を知るために使おう。

まずは、店を出したい町の不動産屋さんを片っ端からたずねることだ。

不動産業界は横のつながりが強いので、「わが社にまかせてくれれば、この町は大丈夫」と言われることが多い。

けれど、その言葉を頭から信用しないことである。実際のところ、すべての不動産屋がその町の情報に精通しているということは、まずない。

不動産屋は、それぞれの得意客を持っている。この場合の得意客とは貸し店舗のオーナーのことで、不動産屋はそのオーナーからビルや店舗ごとの管理を引き受けている場合が多い。すなわち、その不動産屋が自ら管理している物件に空き店舗が出た場合は、他の不動産屋に優先して取りあつかえることになる。

しかし、住居のように簡単には決まらないので、不動産屋はオーナーの手前上、早く次の店子を探さなければならない。

そこで、他の不動産屋にも貸し物件情報を流すわけだ。場合によっては、その情報は流された不動産屋からさらに別の不動産屋に流される。つまり、他の不動産屋に情報が流れる物件は、最初の不動産屋で決まらなかった物件とみてよい。

そういった物件の賃貸契約が成立すると、不動産屋は仲介手数料を等分に分配することになっている。

どの不動産屋も、できれば手数料を独り占めしたいわけで、「これは決まる」と確証を持った物件情報を他社に流すことはしない。だから、なんと言われようと、その町にあるすべての不動産屋さんをたずねる覚悟で一軒一軒あたっていこう。

その際には、次のページのような希望物件のリストを作成して、たずねた不動産屋さんすべてに「こんな店舗が出たらすぐに教えてください！」とお願いして歩くと効果的だ。

できるだけ具体的に記入する。物販や飲食などの業種はとくにはっきりと。大家さんによっては、店子の業種を指定する人もいる。

希望する広さを最低から最高まで記入する。

1階か、地下か、2階以上でも可か、など。

坪あたりの予算ではなく、総額で記入。「消費税・共益費込み」と記入しておいたほうがいい。

土地によっても異なるが、このように「すべての総額」という注意書きを入れておくこと。とくに保証金は「解約時には戻ってくるから」と軽く考えがちだが、初期投資額であることにはちがいない。

不動産物件は突然出ることが多い。すぐに連絡してもらえる態勢をとっておくこと。また、物件探しにファックスは必需品なので、持っていなければ購入しておくこと。

売るものの写真やスケッチなどを添付したり、持ち歩いて不動産屋さんに見せると効果的。相手にもイメージが伝わりやすい。

希望物件のリストの書き方

貸店舗探しています

業種 ▶ 婦人服の販売
(30〜40代のミセス中心)

広さ ▶ 5〜10坪

場所 ▶ ○○駅南口××商店街
周辺

階数 ▶ 1階

希望家賃 ▶ ○○万円
(消費税・共益費込み)

賃貸契約総額予算:○○万円 ※
※敷金・権利金・保証金・前家賃・
不動産仲介手数料すべて含む

上記のような物件がありましたら、
至急ご連絡ください。

△△市○○1−2−3
佐藤○美
TEL XXX-XXXX-XXXX
携帯 090-XXXX-XXXX
FAX XXX-XXXX-XXXX

連絡はマメに、契約はあせらずに

不動産屋の対応というのはまちまちで、なしのつぶてのところもあるし、すぐに物件を紹介してくれるところもある。後者のほうが商売熱心なわけだが、いずれの場合も、紹介された物件は一件一件自分の目で検討するべきだ。「こんな物件はめったに出ない」など言葉たくみに契約に持ち込もうとする営業マンも多いが、自分が納得しないかぎり、その場の雰囲気で安易に決めないこと。前者の、のんびり構えている不動産屋にもときどき連絡を入れて、新しい物件情報が入ったかどうか確認を入れる。

店舗探しは運とタイミングで決まる。あせらないことがいちばんだ。とくに、サラリーマンだった人がはじめて店を出す場合は、先に開店日を決めてしまい、開店日にまにあわせようとあせって、納得しないまま契約をして後悔するケースが多い。

最低でも一カ月、欲を言えば半年くらいの期間を要したい。期間が長いほど、その町に行く回数も増え、町の様子や人の流れが身体で実感できるようになるはずだ。

物件探しのコツ

「足で稼ぐ」のが鉄則

1軒の業者にすべてまかせるのでなく、その町のすべての不動産屋をたずねてまわる覚悟で

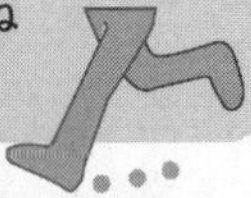

連絡はマメにとり、具体的な希望を伝えておく

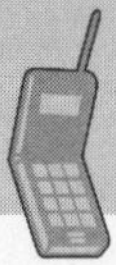

定期的に連絡を入れ、熱意をアピール。希望物件リストをつくって渡しておくのも手

物件探しは最低1カ月、できれば半年かける

不動産屋の言葉を鵜呑みにせず、町の様子や人の流れを自分でじっくり観察したうえで決める

気に入った物件は手付け金を支払ってキープ

手付け金を惜しんだばかりに、わずかの時間差で他の客に取られてしまうことも……

手付け金を惜しむと、大きな魚を逃す

案内された物件が気に入った場合は、不動産屋に手付け金を支払う。「この物件を借りる意思があります」という具体的な行動である。

手付け金を支払った時点で、その物件が他の人に紹介されることはなくなる。その後、二週間前後で本契約となる。

手付け金を支払わないと、どれだけ口頭で「よい物件ですね、借りたいと思います」と不動産屋に言っても、似たような店舗を探している客が他にいれば、不動産屋はその客にも物件を見せる。その客が即断、または手付け金を支払えば、物件を最優先で借りる権利が発生する。

手付け金は、本契約をしなかった場合は不動産屋に没収されることになるが、やはり、気に入った物件には手付け金を打つべきである。わずかの時間差で物件を借りられなかったというケースはあんがい多いものだ。

第4章
商品構成、料金設定

1　商品構成の考え方

2　問屋、メーカーとの取引

1 商品構成の考え方

どんな商品を揃えるかで、その店の個性が決まる

デパートの大食堂には、和洋中はもとより、デザート類まで揃っている。すべての人が満足できるメニューを取り揃えてお客様を待っている。

では私たちは、デパートの大食堂こそ、もっとも満足できる最高の食堂だと思っているだろうか。答えはノーである。たとえば、久しぶりに会った友人の家族と食事をする場合のように、お互いの嗜好《しこう》もよくわからない、子どもや老人もいる、時間的にも中途半端だといった状況なら、デパートの大食堂がもっとも無難な選択になる。

しかし、相手の嗜好がわかっていて、あえてデパートの大食堂を選ぶ人は少ないだろう。状況にあわせたレストランや居酒屋、小料理屋などを選ぶのではないか。

小売店も同様だ。すべての商品を取り揃えているから、来たお客様がみな満足して帰るというわけではない。商品がどのように取り揃えられているかがその店の個性となり、その個性にひきつけられて、お客様が店内に足を踏み込んでくれるのだ。

商品は経営ポリシーを軸に「集めず切り捨てる」

初めて店を出す人がよく口にする言葉に、「自分が好きなもの、納得するものを売っていきたい」というのがある。この台詞《せりふ》を聞くと、「なるほど、ポリシーが一貫している」とうなずいてしまいがちだ。しかし、「自分」というのはけっこうあいまいなもので、その嗜好やセンスも、じつは日々刻々変化していたりするものだ。

店舗の広さが決まった時点でやらなければならないのが、在庫金額の算出である。在庫金額とは、店頭およびバックヤードに置かれている商品総額をさす。一般に、食料品系の店や生花店などは一日の売上金額の一週間分が限界であり、その他の物販業の場合も、一カ月から三カ月までの在庫金額にとどめたい。

物販の場合、一カ月の売上目標金額が一〇〇万円なら、在庫金額は最大でも三〇〇万円である。この金額を超えると店は在庫過多となり、経営上も立ち行かなくなる。初めての開業の場合は、売上目標金額の一・五～二カ月分くらいが適当な金額だ。

このように、まず仕入れ金額を決めてから、販売したい商品の構成を考えてみると、いろいろなものを我慢しなければならないことに気づく。

そこで、あらためて自分の「好き」と向かいあう。どんな商品をどのように取り揃えれば、お客様に自分の感性を受け取ってもらえるのか。自分が集めた「好きなもの」のなかからひとつふたつを選び出すのではなく、逆にそぎとる作業を始めるのだ。たとえば、アンティークショップなら、どこの国のどの時代のものを軸とするのか。商品の主流はインテリアかアクセサリーか、趣味のものか。ブティックなら、年齢層をどう設定するのか、その服を着るシチュエーションは、色の傾向は、などと絞り込んでいくと、店内の商品構成は比較的順調に進む。

その際に大切なことは、欲を出さないことだ。「店内は四〇年代のイタリアのインテリアに統一したいが、アメリカのこの衣料品も置きたい」などと欲張るときりがない。店は、オーナーの「好き」を集めたショールームではない。店という別の人格を持った、社会に開かれた窓である。一度、店の方向性を決めたら、ノートに書き出したり、壁に貼ったりして、とことんその世界をつくりあげるべきである。

テーマを絞って商品構成をする(物販の場合)

客層
- 年齢
- 性別
- 生活背景(家族構成・職業など)

色・柄 素材
- 色で統一する。
- 柄で統一する。
- 素材で統一する。

地域・時代
- 地域(国)を限定する(国内、アジア、アメリカ、アフリカ、ヨーロッパなど)。
- 時代を限定する(流行のもの、定番、'60年代など)。

場面
- 場面(シチュエーション)を限定する。
 (例)服飾…フォーマル、日常着、スポーツウェア、室内着など
 生活雑貨…キッチン・テーブルウェア、アウトドア用品、アクセサリなど

在庫金額
(1カ月の売上目標金額×2カ月分)

経営ポリシー

商品構成の基本的な考え方

以下に、基本的な商品構成の目安について書き出してみた。

①店頭には、衝動的に買いたいと思う価格の商品を取り揃えておく

価格は、店内のものより三〇パーセントくらい安いものが望ましい。安ければ安いほどよいと考えがちだが、店頭商品と店内商品の価格差がありすぎると、お客様は混乱する。また、店頭商品はその店にとってのお買い得品であるという暗黙の了解があるので、店頭商品の価格から、お客様は無意識にその店の価格帯を計算している。店頭と店内でギャップがありすぎるのは、商品構成上、失敗である。

②業種により、お客様の平均買い上げ数量を予測する

たとえば、生花店に来るお客様は、ほとんどが「〇〇をいくら買う」という目的を

持って買いにくるので、「安いから」「気に入ったから」と、予定の二倍もの量を買って帰るような人は少ない。

文具店、雑貨店、化粧品店、薬局、書店などは、一点買いを目的に入ってきても、気に入った商品があれば買い上げ金額が増えることが多い。

衣料品店の場合はさらにその傾向は強まる。なんとなく気になって入店したが、気に入った商品が次々に見つかり、気がついたら上下をコーディネートして買って店を出てしまった、などという記憶は誰にでもあるだろう。

③メイン価格商品七、ワンランク上の商品一・五、小物一・五の割合で構成する

メイン価格帯の商品は、店内の全商品構成の七〇パーセント前後を目安に揃える。残る一五パーセントは、メイン商品よりもワンランク上の商品を置く。これは店の格付けのために必要で、そんなに大量に頻繁に売れる商品ではないが、この店にはもっとよい商品もありますよという、お客様へのアピールとなる。

残りの一五パーセントは、店のコンセプトを補助する小物とする。衣料品店の場合

は、ハンカチ、ベルト、ソックス、スカーフなどの小物雑貨があげられる。

これらの商品は、店に興味を持って入ったものの、メイン商品を買うまでにはいたらない、しかし何か買って帰りたいと思われているお客様に対して効果的なアイテムとなる。「あってもじゃまにならない」「もうひとつあってもいい」「ついでに買ってもいい」と思われるものが基本である。

生花店の場合、先に述べたように、いくら商品が安くても、お客様は予定の倍の量の花は購入しない。けれど、ラッピング用のリボン、花切りはさみ、剣山、剣山の代用となるスポンジなどがさりげなく価格をつけられて陳列されていれば、「あら、じゃあこれもついでに買おうかしら」という気分になる。

衣料品店の服飾雑貨は、一点ものの記念買いもけっこう多いが、コーディネートしてお買い上げいただいた上下にさらに付け足しておすすめするのも効果的である。

いずれの場合も、店の平均単価を考慮して、気軽に衝動買いできる商品を店内の手に取りやすい場所に取り揃えておくと、義理であれ、なりゆきであれ、お客様のはじめてのお買い上げ商品になりやすく、次の来店につながる確率も高くなる。

基本的な商品構成例

小物類

・1,000円未満で、軽い気持ちで買ってもらえるもの。
・今はメイン価格帯の商品が買えなくても、次の購入につなげることができる。
・数はあまり多く置きすぎないように。

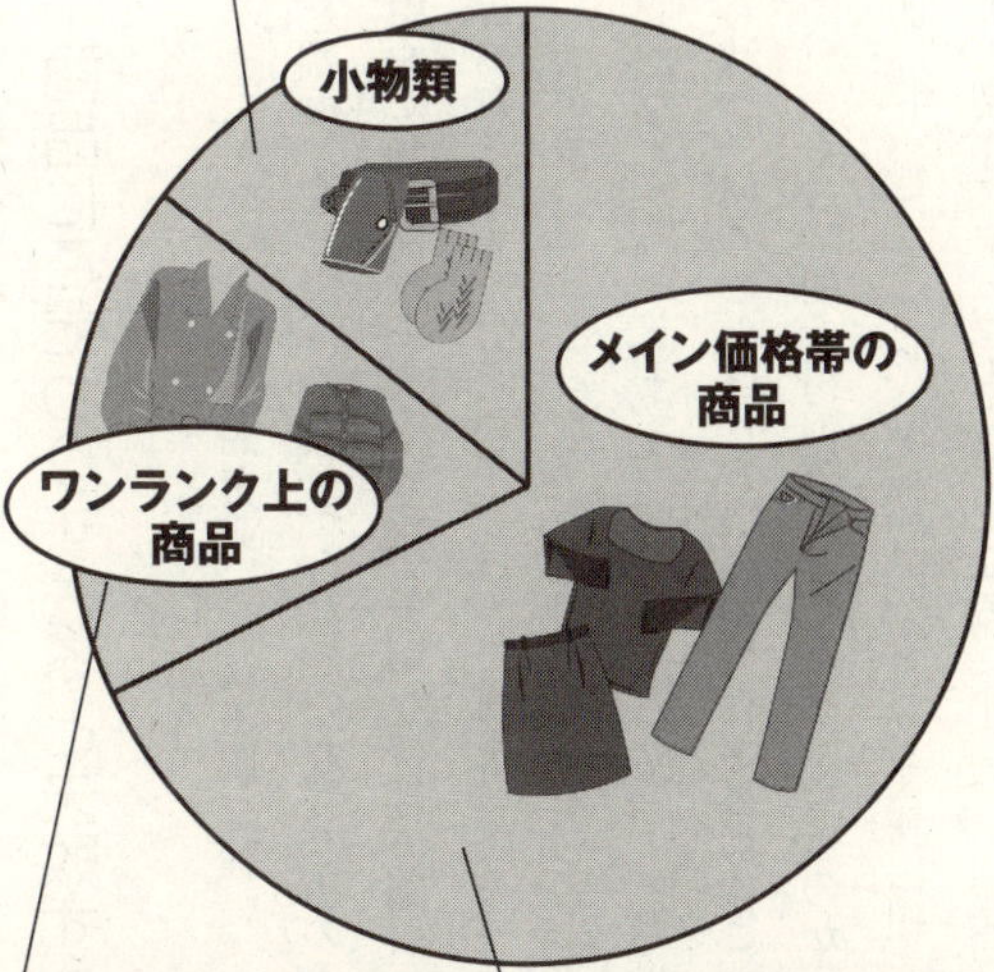

ワンランク上の商品

・店の格付けのために置く。あまりに買いやすい商品ばかりだと、店の品位も客単価も落ちる。

メイン価格帯の商品

・お客様にとって買いやすい価格。
・「もうひとつあってもいいな」と思わせるもの。

オリジナル商品にこだわりすぎると失敗する

オーナーが自らつくったオリジナル商品を並べられる店は強い。「この店でしか買えない」と、お客様を名実ともに説得できるからだ。いわば、店の看板商品である。オリジナル商品を中心に商品構成をする場合、大切なのは、開店してもコンスタントに商品を提供し続けられることだ。たいていは、今までつくりためておいたものを販売しようとするケースが多い。ところが、いざ開店すると、店の運営に時間を取られ、商品をつくる時間がなくなってしまう。「当店自信のオリジナル商品」とアピールした商品が店頭から減っていくことは、お客様の期待を裏切ることになる。生産者がオーナーだととくに、つくる時間も精神的ゆとりもなくなるのが常である。

オリジナル作品を販売し続けるなら、製作時間を日常業務に組み込むべきだ。また、家族の応援や強力な製作スタッフも必要になる。オリジナル商品をメインにするためには、しっかりしたバックアップ体制が確立していなければならない。

オリジナル商品の価格設定

オリジナル商品メインの商品構成にめどがついたら、次は商品の価格設定だ。いろいろな計算方法があるが、もっとも確かな方法は、店内に置いて他商品の価格と照らし合わせてみたときに違和感がなく受け入れられる価格を適正とするやり方である。たとえば、数時間かけてつくったブレスレットがどう考えても八〇〇円にしか見えなければ、それは八〇〇円の価格しかつけられないことになる。

「いや、数時間を費やしたのだから数千円の価値はある」といくら作者が言ったところで、価格は客観的な価値観で決定するものだ。一方、とくに素人が陥りやすいのが、「暇なときにつくっただけ、材料費もほとんどタダ」として、極端に安い価格で店頭に並べてしまうケースがある。これはやはり全体のバランスを欠くといえる。

自作のものとはいえ店頭に並べれば商品である。商品の原価はさておき、お客様にとっていくらの商品価値があるかが、最初の価格決定の基準になる。

売値は(原材料費＋付属代金＋工賃)×三を下回らないように

さて、客観的な価値観で決められる商品の売値だが、原価が売値の三分の一以内で収まらなければ、真の商品とはいえない。商品を売るためには、原材料費のほかに家賃や人件費などの販売経費がかかる。

一般的には、店頭で販売されている商品には、原価・商品開発費およびロス・販売経費がそれぞれ三分の一ずつかかる。すなわち、原価の三倍以上の価格を設定しても販売できるものが真の商品なのだ。また、原価のうちとくに手間賃（工賃）については、空いた時間にやっているからと計上しない人がいるが、それは間違いだ。製作スタッフは無償で働いてくれないし、外注に出す場合も労働時間相応の工賃を支払わなければならない。相場のパートの時間給から算出して、工賃を計算する必要がある。

材料費も同様だ。手持ちのものがなくなれば、購入しなければならない。新たに購入した場合の材料・付属代金を計算に入れて、売値を決定していく。

売値は
（原材料費＋付属代金＋工賃）×3

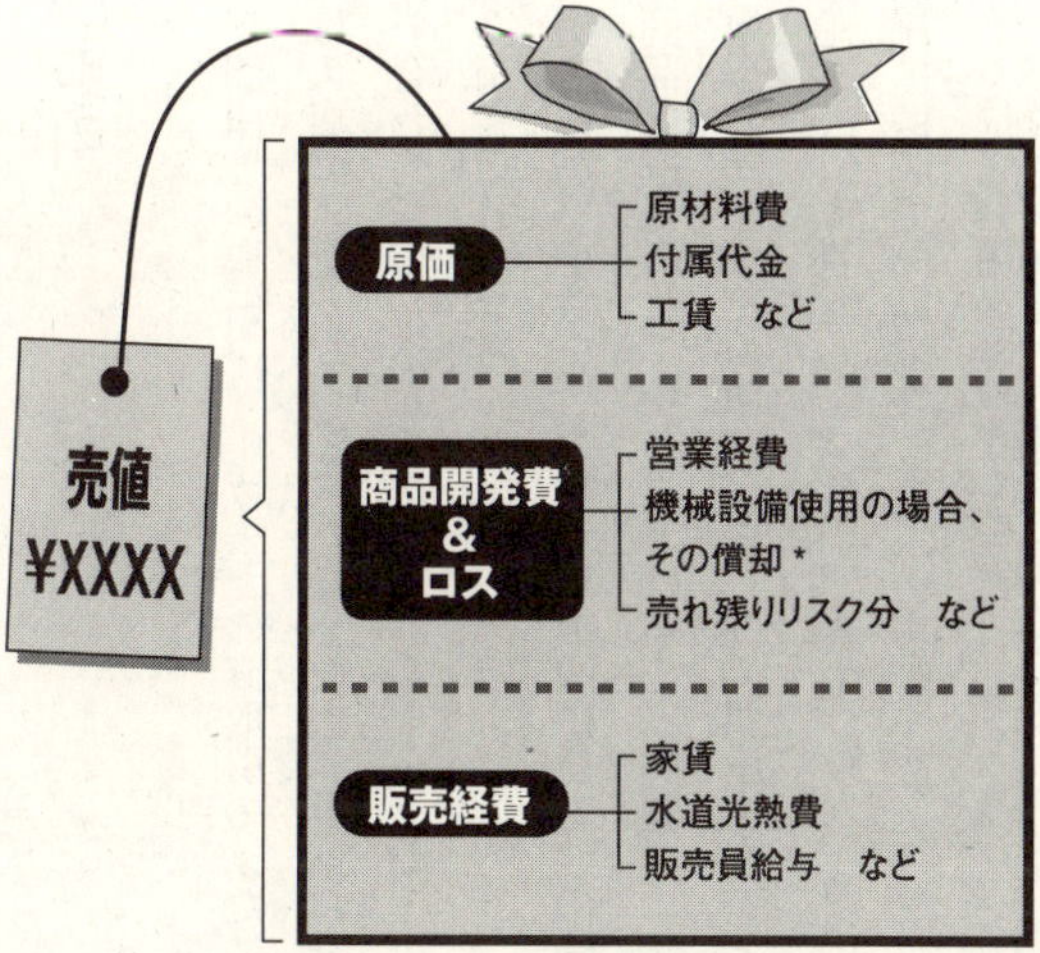
売値
¥XXXX
原価
原材料費
付属代金
工賃　など
商品開発費
&
ロス
営業経費
機械設備使用の場合、
その償却＊
売れ残りリスク分　など
販売経費
家賃
水道光熱費
販売員給与　など

＊目安は購入価格÷製作可能数量

2 問屋、メーカーとの取引

問屋との取引

商品の仕入先は、問屋との取引、メーカーとの直取引のふたつに分けられる。

一般に、問屋には入店許可証がないと入れないため、事前に交付申し込みをする。電話帳で調べて問い合わせ、申し込むのがいちばん早い。問屋ごとに審査があり、審査にパスすれば取り引きOKとなる。

問屋の規模は大小あるが、小さな店なら、基本的にひとつの問屋から仕入れれば店が成り立つように商品は揃えられている。とはいえ、問屋によって商品の得意、不得意がある。とくに中小の問屋はその傾向が著しい。問屋街をこまめにまわり、感性に合った小さな問屋をいくつか開発し、複数の問屋と取り引きすることをおすすめする。

また、大手の問屋には販売商品以外にも包装用品やディスプレイ用小物なども取り揃えられている。とくに包装用品は種類も豊富で、ショップバッグの名入れも小ロットで行なってくれるシステムが定着しているので、利用すると便利だ。

問屋のメリット・デメリット

メリット

- 品揃えがデパート並みなので、必要なものはひとつの問屋と取り引きすればほぼ揃えられる。
- 掛売りをしてくれるところもある。
- クレームなども責任をもってメーカーに対応してくれる。
- 「今、売れるもの」が揃っており、ほとんどの問屋では発注したものはその日のうちに発送してくれるので、すぐに店頭に出すことができ、タイムリーな品揃えができる。
- 大手の問屋では、包装用品やディスプレイ用小物なども取り揃えられている。

デメリット

- 問屋によっては得意分野・不得意分野がある。
- 基本的に審査はあるものの、店舗さえ持っていれば誰にでも売ってしまう。そのため、気に入って仕入れた商品と同じものが、隣の店でも売り出されていたということも起こりえる。

メーカーとの取引

メーカーとは、文字通り「生産者」のことである。商品をつくって問屋や小売店に卸し、自分たちでは販売しない。問屋に卸しているメーカーの商品は問屋で手に入れることができるが、なかには問屋を通さずに直接小売店に卸すところもあり、このようなメーカーの場合は、メーカーと交渉する必要がある。

メーカーの商品を扱う最大のメリットは、同一商圏内においてそのメーカー製商品の販売権を独占することができるという点だ。これは、ほとんどのメーカーがバッティング対策を講じていて、同一商圏内にある複数の店舗に商品を販売することはないためである。店にとって、これは大きな強みとなる。

デメリットは、シーズンの三カ月から半年前に展示会を開催して注文を受ける形式がほとんどなので、先のシーズンを見越して発注しなければならないことと、発注した商品はかならず買い取らなければならないことだ。

メーカーのメリット・デメリット

メリット

❀ 同一商圏内では、他の店とメーカーの商品がバッティングすることはないので、独占的に販売できる。

❀ 生産数が少ないので、個性を全面に打ち出すことができる。

デメリット

✹ シーズンの3カ月〜半年前に行なわれる展示会で、シーズンに先がけて商品を発注するため、つねに数カ月先の販売目標金額はもとより、実施イベントなども考えておく必要がある。

✹ 展示会で発注したものは引き取る(購入する)義務が発生するので、発注時期直前の売上が予想より伸びず、換金できない場合でも、注文した商品は買い取らなければならない。このため、資金繰りはよほど計画的に行なわなければならない。

✹ 売り切れても、同じ商品を追加・補充することは基本的にできない。

メーカー商品七、問屋商品三なら、競合店と差別化できる

前述したように、メーカーは、既存の取引先がある場合は同じ商圏に新規に取引先を開かないのが商習慣とされている。そのため、ひとつのブランドの商品を取り扱うことで、店舗の特色をはっきりと打ち出すことができる。メインとなるメーカーは一社のほうがより特色は出しやすいが、商圏が小さくて心配な場合は二社程度までなら取り扱ってもよいだろう。三社以上になると店内の収拾がつかなくなる。

メーカーの商品は全体の七割程度にするのが目安である。これ以上増えると、展示会での発注が売上に大きく関わってくるので、開店初心者には難しい。

残りの三割は問屋経由の商品で構成することになる。問屋の商品は今すぐに売れるものが取り揃えられているので商品の補充が容易だし、先々の売上予測もする必要がない。今の時点で足りないもの、すぐに売れるものを供給することができる問屋仕入れ枠は、小さな店の売上目標達成のための微調整には欠かせない。

差別化するための、商品構成のメーカーと問屋の割合

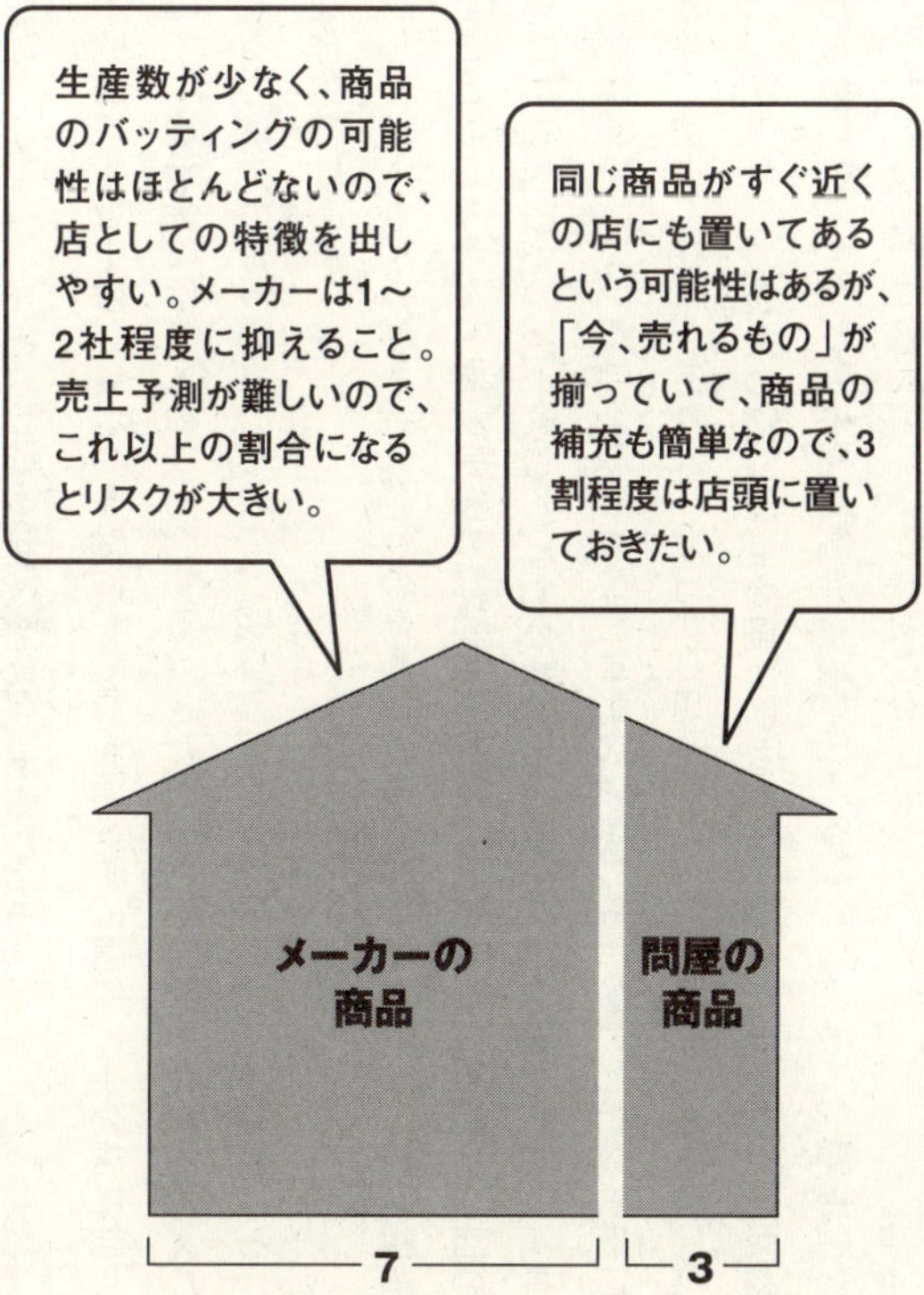
生産数が少なく、商品のバッティングの可能性はほとんどないので、店としての特徴を出しやすい。メーカーは1～2社程度に抑えること。売上予測が難しいので、これ以上の割合になるとリスクが大きい。
同じ商品がすぐ近くの店にも置いてあるという可能性はあるが、「今、売れるもの」が揃っていて、商品の補充も簡単なので、3割程度は店頭に置いておきたい。
メーカーの商品
問屋の商品
7
3

COLUMN○メーカーが行なう展示会にはまめに出席しよう

基本的にメーカーは、展示会を軸に、問屋を通さずに直接、小売店に卸しているので、展示会にはこまめに出席するべきだ。費用も時間もかかるうえに、発注するのは数カ月後のものなので、明日入荷する問屋に行くよりもはるかに面倒な作業ではある。

しかし、メーカーの展示会は発注のためだけのものではない。直接、担当者と話すことはもちろん、展示会場の雰囲気を身体で感じることや、他の店の情報を耳にすることで、メーカーとしての勢いや情勢がわかる。さらに、「お宅の××がよく売れているのよ。もっと在庫がないかしら」などと相談することもできる。運よく在庫があれば、翌日から店頭に並べられることもある。

また、メーカーの最大の特徴は生産側にいることである。「こういう商品があったらいいのに」など、小売店側の希望を伝えることによって、間接的ながらもメーカーの企画に参入することもできる。

第5章

店舗づくり

1　店のイメージづくり
2　業者とのつきあい方
3　ディスプレイ、什器などの調達・演出

1
店のイメージづくり

気になる同業店を参考にすることが店づくりの第一歩

物件が決まったら、次はいよいよ店舗づくりだ。

店舗づくりの第一歩は、自分が気になるお店を参考にすること。路面店の場合は、事情を話してその店のスタッフにお願いすれば、写真撮影を拒否する店はほとんどない。気になった部分をどんどん撮らせてもらおう。ドア、看板、棚、テーブル、外壁など、アングルや距離をいろいろ変えて撮る。スタッフの手が空いているようだったら、たとえば床材は何かとか、什器の仕入先などを教えてもらう。写真に撮りきれない部分はスケッチしておく。これらの写真があると工事業者により具体的に希望が伝わるので、現像がすんだら店名や日時、コメントを書き込んでファイルしておく。

駅ビルをはじめとするファッションビルやデパートは店内撮影禁止のケースが多いので、撮影可能かどうかを忘れずに確認する。場合によってはビル内管理事務所に出向いて、事情を話す。撮影ができない場合はスケッチ画を活用する。

店をたずねるときの注意点

店に何度か足を運んで、オーナーやスタッフと顔見知りになっておくと意志疎通がスムーズにいく。

・質問したいことは前もってメモをとっておき、要領よく短時間ですむようにしておく。
・質問のポイント：内・外装費用と業者／什器や商品の仕入先／客層の年齢比など
・写真を撮らせてもらうようお願いする。

撮った写真やスケッチは、店名や日時、コメントを書きこんでファイルしておく。

撮影や話をしてくれた人には、手紙や電話などで後日きちんとお礼を述べておくこと。

持ちもの

カメラまたはデジカメ、メモ帳、スケッチブック、筆記用具、色えんぴつ

店の設計は設計士に頼まずに自分でやる

店の内外装をデザインするとき、「私がお手伝いしましょうか。お安く仕上げますよ」と持ちかけてくる設計士の友人や知人が、あなたのまわりにいるかもしれない。知り合いや友人なら安心して頼めそうだし、料金も普通より安くてすみそうだと、誘いに飛びつきたくなる気持ちもわかるが、ここはていねいにお断りすることをおすすめする。

そもそも、設計士の本来の仕事とは、構築物の強度や安全度を確認することで、新築物件でその能力が発揮される。デザイン業務はセンスだけの問題である。小さな店の内外装を設計士に頼むことは、釣り堀で猟師に魚をとってくれと頼むのと同じくらい意味のないことだ。

ちなみに、たとえ小さな店舗であっても、数十万円程度の基本設計料金は間違いなくとられる。やってくれることといえば、既存の店舗の内側や外側を計測し、きれいな図面に仕立て上げることと、自分なりのいくつかのプランをこぎれいにまとめあげて提示する程度のものだ。

きれいに描かれた図面などなくても、店の内外装は発注できるし、店内の内装プランはオーナーがやるべきものである。

さらに設計士は、知りあいの業者をこれまた親切顔で「紹介しましょうか」と持ちかけてくることが多いが、こちらもきっぱり断るべきである。

彼らは互いにつながりあっているので、紹介された側が紹介した側に、請け負い金額の一部を戻す習慣がある。戻される金額は当然、見積書に上乗せされているという具合だ。

これとは逆のケースで、業者が「仕事がやりづらいから設計士を頼んでほしい」と言ってくることもある。カラクリは同じなので、そのような申し出があった場合はきっぱりと断るか、仕事そのものの発注を取りやめる。

いずれにしても開店前は忙しく、金銭感覚もマヒしはじめている。この手の誘いにコロリと乗りやすいので十分に注意したい。

店の図面を描く

物件案内書などに店内の計測図が入っている場合もあるが、内外の長さは自分で計測しよう。金物屋で売っているメジャーで、間口、奥行き、天井高などをはかる。すでに店内の設備ができあがっている場合は、ドアの位置、開く方向、大きさなど、すべてを書き写すつもりではかる。電話回線、電気コンセントの位置、天井のライトの位置とその個数、空調機の位置と大きさ、通風孔の位置などは重要ポイントである。

とくにビル内の物件は、天井高が途中で変わっていたり、構造上の梁《はり》や柱が出ていて凹凸が激しいことが多いので注意。路面と店の床との高さの違いもチェックする。

次に、文具店で売っているスケール定規で紙面に正確な図を書き込んでいく。一般的には二〇分の一か五〇分の一が多く使用されている。

書く図面は、平面図、東西南北図、外側正面図、壁面図で、店の内外をそれぞれの方向からまっすぐに見たと仮定したものである。変形している部分がある場合は、状況に応じた図面を書き足す。

次にパース図を描く。焦点となる位置を決めて、補助線を引いて描きこんでいくと、立体感が出てリアリティが増す。あらかじめ補助線が引かれた市販のものが文具店で売られているが、私にはどうも使いづらいので、自分で線を引いている。

以上の図面ができた時点で薄くコピーをとり、以後は、新たに加える設備や什器をコピー紙上に書き込んでいく作業に入る。

さらに、必要な什器（テーブル、棚、レジ台など）を同一の縮小サイズにしたものをつくって平面図上に配置し、最終的な位置を決めていく。このころから、自分のイメージする店の形が明確になってくる。どこに何をどう置くか、壁の色は、材質はなど、ひとつひとつ決めていく作業に入るので、撮ってきた写真や、インテリア雑誌を参考にする。

この時点では、内外装予算について考える必要はなく、自分の夢を一〇〇パーセント形にした店を目指せばよい。ここから、具体的な材質や仕様、写真を添付するなどして、第三者の目にはっきりとわかるようにしていく。

図面の例

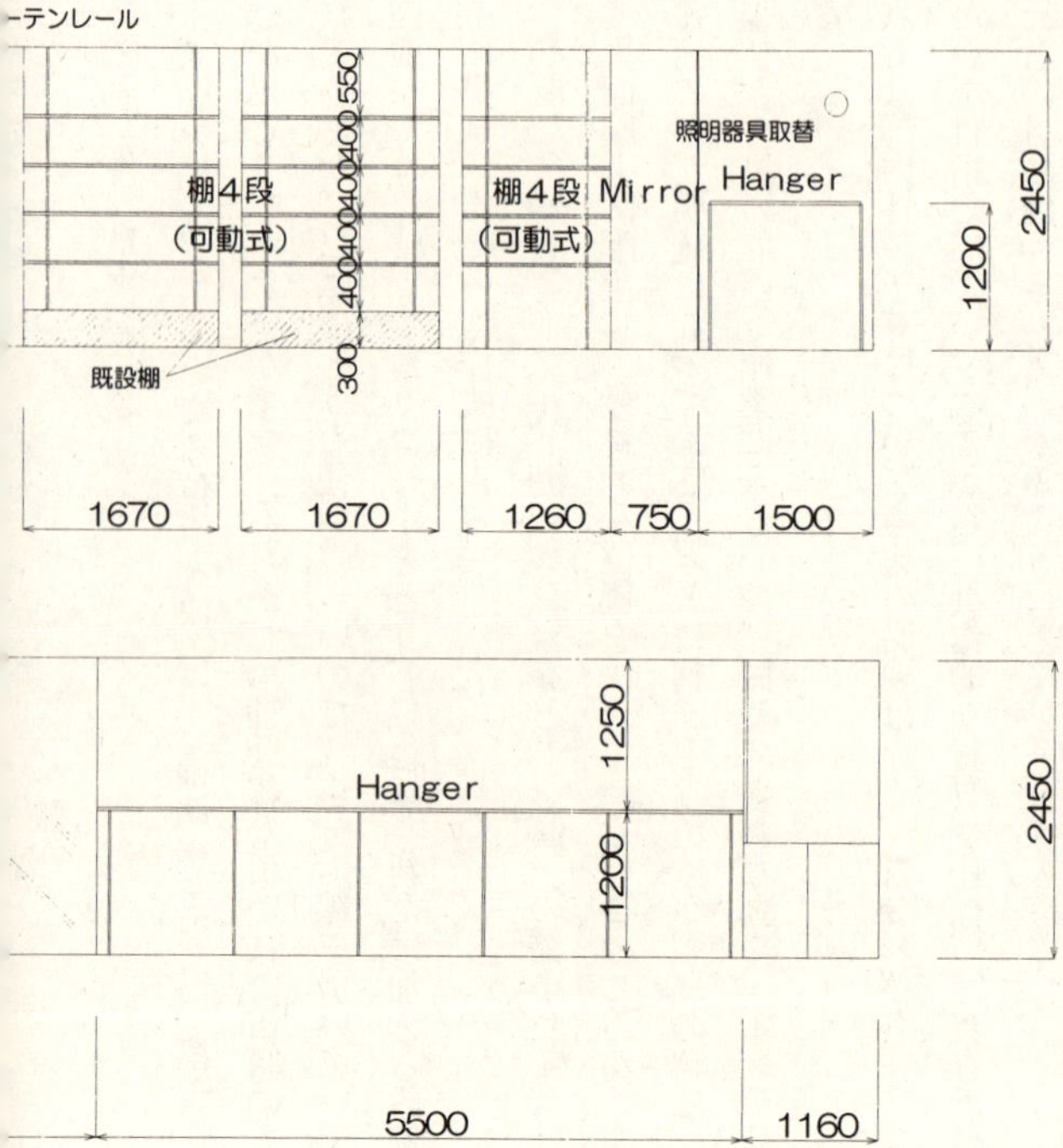

-テンレール
棚4段
（可動式）
棚4段
（可動式）
Mirror
照明器具取替
Hanger
既設棚
550
400
400
400
400
300
1200
2450
1670
1670
1260
750
1500
Hanger
1250
1200
2450
5500
1160

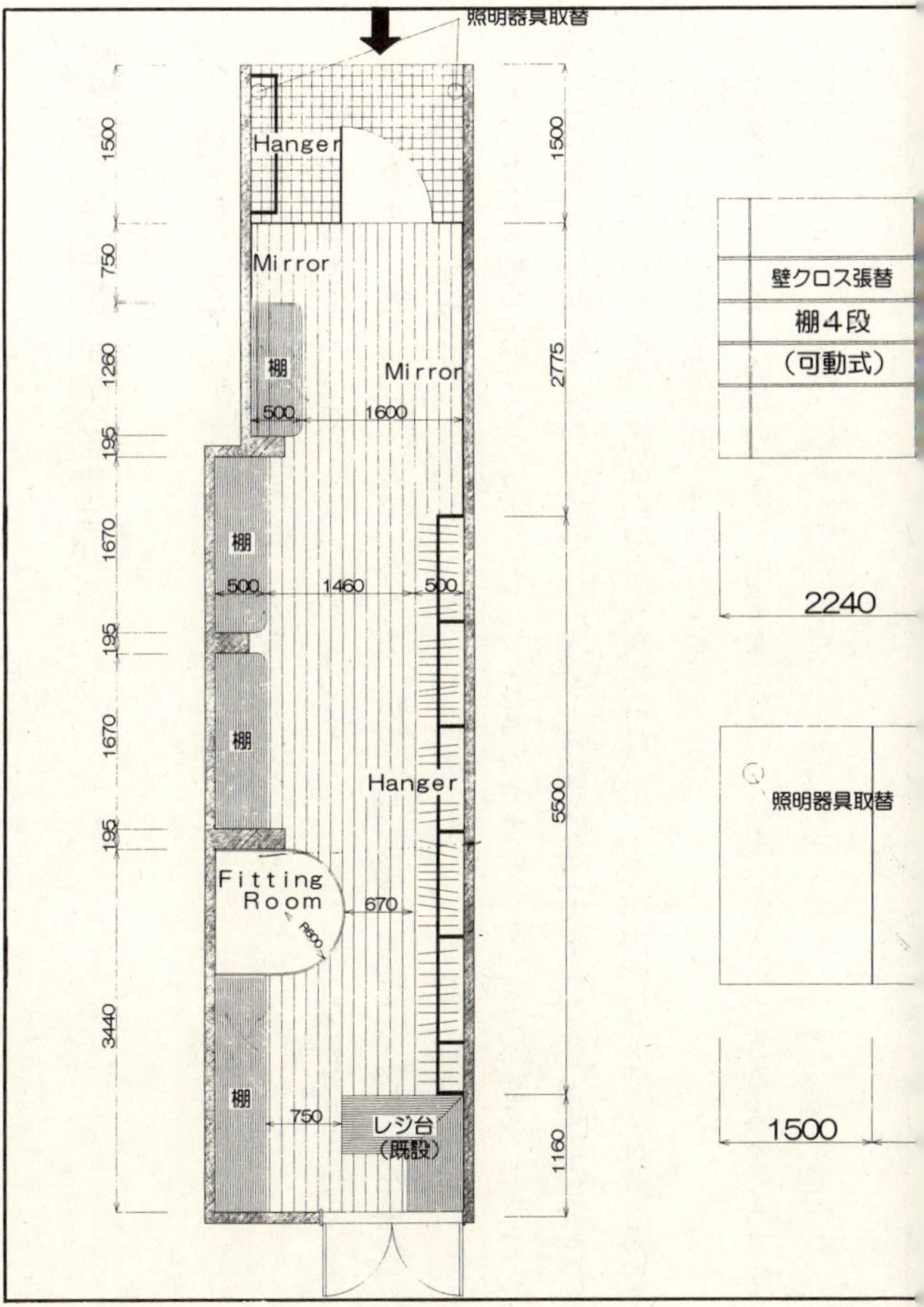
照明器具取替
Hanger
Mirror
棚
Mirror
500
1600
棚
500
1460
500
棚
Hanger
Fitting Room
R600
670
棚
750
レジ台
（既設）
1500
750
1260
195
1670
195
1670
195
3440
1500
2775
5500
1160
壁クロス張替
棚4段
（可動式）
2240
照明器具取替
1500

売場面積別の留意点

三坪（約六畳）まで

↓採算はとりやすいが、すべて一人で切り盛りする

一般的に家賃も安く、店内も狭いので光熱費も安くすむため、採算分岐点に乗るのはもっとも早い。販売員は一人で十分だが、複数のお客様が同時に入店された場合、売り逃がすこともある。

一方、万引きや強盗などの被害にもっともあいやすいのが、この広さの弱点である。したがって、商品の陳列方法やレジスターの位置を工夫するなど、防犯対策をしっかり行なう必要がある。商品在庫量もかぎられるので、店内に展示できる数も少ない。このため、売上が飛躍的に伸びることは少ない。

リスクは大きいが、はじめて店を出す人にはいちばんおすすめできる広さである。この広さでスタートして、顧客がつかめたら、次の広さへステップアップしていく。

売場面積別のメリット、デメリット

3坪（約6畳）以下

＊ 家賃、光熱費、人件費等が安くすむ
＊ 万引き、強盗など防犯面が心配
＊ 展示点数が限られるので、急激な売上増は望めない

6坪（約12畳）前後

＊ 店としての機能が一通り揃う
＊ 繁忙時間帯はスタッフが2人必要
＊ 経費が増えるので、きちんとした目標や計画が必要

10坪（約20畳）以上

＊ 扱う商品量が増えるので、当たれば儲けも大きい
＊ スタッフとの人間関係など、新たな悩みも増える
＊ 売れないとたちまち赤字が増加

六坪（約一二畳）前後

↓最小限の店の機能が揃えられる

ストックヤード（在庫置き場）、レジまわり、ディスプレイスペース、販売スペースなど、店としてのそれぞれの機能が備えられる広さ。

販売スタッフは一人から二人くらいが適当である。販売を一人で続けることも可能だが、繁忙時間帯やイベント時期などには、販売スタッフは二人必要となる。

家賃および光熱費も高くなる。店内の在庫量も増えるので、採算分岐点も上がる。初期投下資金、家賃などの固定費などから採算分岐点を逆算して、月別の売上目標、販促計画などを立てて店を経営していく。

この規模になると、漫然と店を開いているだけでは、安定した売上をつくり続けることは難しい。

第三者に「店を出しました」と言っても恥ずかしくない外見ができあがるが、維持していくためには相応のエネルギーを要する。

一〇坪（二〇畳）以上

↓儲けやすい広さだが、オーナーの力量が問われる

販売スタッフは常時、最低でも二人体制となる。このため、オーナー自ら販売の先頭に立つというより、販売スタッフをフォローしながら、スタッフの能力を引き上げていく立場になる。オーナー独自の役割としては、商品構成や新商品の取り扱い、イベントの立案、実行などが加わってくる。

店内も広いので商品量も増え、模様替えなどもしやすくなる一方、人件費をはじめとする固定費も増加する。当然、採算分岐点は上がり、売上目標金額も高い。

当たれば儲かる広さであるが、販売スタッフとの上下関係、信頼関係など、新しい悩みも発生する。

売れないときは悲惨で、赤字額はあっという間に増加していく。よほど強力な助っ人（家族や、信頼できる人間性を持ったスタッフ）を得られる確証がないかぎり、手を出すべきではない。

自宅を増改築して店にする場合の注意点

最近では、自宅の一部を店舗にするという方法もすっかり定着してきた。初期投資が安くすむうえ、職住隣接型なので、オーナーの時間を効率的に使えるというメリットがある。

増改築するときの留意点は、お客様に「隣が住居である」と気づかせないことだ。店が住居の一部であるということが一目瞭然の店に、お客様は魅力を感じない。経営者の生活臭を感じさせるような店舗設計は、店にとってマイナスの効果しかもたらさない。

壁をつくる、間に樹木を植えるなどして、店と住居は別物なのだという印象をお客様に与えるような工夫をするべきである。

自宅のドアはアルミサッシで十分だが、店のドアや窓、外壁などは、店であることを感じさせるグレードのものでなくてはならない。

2
業者とのつきあい方

自分でもできること、業者でないとできないことを見きわめる

内外装代金のうち、もっとも高い比率を占めるのは人件費である。だから、内外装を自分でやってしまえば、工事費は安く抑えることができる。

ただし、素人でもできることと、専門家でないとできないことがある。

まず、業者を選定する前に、自分でやっておかなければならないことがある。それは、どんな店をつくりたいのかという自分のポリシーを明確にしておくことだ。

とくに、看板デザインや店のロゴマークなどは事前に決めておく必要がある。パソコンソフトを使用すれば、それらのデザイン制作は比較的簡単な作業なので、自分で納得がいくまで、しっかりと練り上げておく。

また、店のメインカラー、こだわりたい素材（壁の材料、床材）なども、具体的な希望を伝えたほうが、業者は動きやすい。

電気、上下水道の工事は、専門業者にまかせる。これは資格を持った人でないとで

きないので、専門家に頼むこと。

内外装工事に入る際には、どこからどこまでを自分がやり、専門家にまかせるところはどこかという線引きを、工事業者と確認しておく。

というのは、建物の構造は多様で、素人が「ここに一本、釘を打つだけなら自分でもできる」と考えても、釘のきかない箇所であったりするし、「この壁がじゃまだから取り除こう」とすると、建物の構造壁（建物全体を支えているもの。柱の代わりに、昨今では壁で支える形態が増えてきている）だったりする。このため、自分がやること、やりたいことを事前に業者に説明して、必要な知識を得てから取りかかる必要がある。

ともあれ、内外装のできるだけ多くをオーナー自らが手がけることは、開店する店にとってプラスになることは間違いない。少々ヘタクソなペンキ塗りのあとや、壁紙のよじれも、お客様との会話の糸口になる。

そのうえ、自ら手がけることにより、店の構造を知ることができるので、次の改装やちょっとした店内レイアウトの変更時にもおおいに役立つ。

内外装工事での注意点

どんな店にするか、自分のポリシーを明確に

看板デザイン、店のロゴマーク、こだわりたい素材などは事前に決めておく

工事の作業範囲を業者と確認しあう

自分でやる部分、専門家（業者）にまかせる部分の線引きをはっきりさせておく

内装業者は不動産屋に紹介してもらう手も

不動産屋は内装業者とつながりが深い。身内や知人に安易に頼むのは、甘えが出ることがあるので注意

一括発注より個別発注

業者間の紹介料等のコストが省ける。ただし、オーナー自らが工期の管理・調整をする必要がある

業者の賢い選び方

店舗や事務所の内外装を、同一業者に一括してまかせてしまうというのは、わりとよくあることだ。とくに、小さな店の場合は工事金額も少ないので、数件に分けるのが面倒なことも事実だ。

では、どんな業者がいいのか。一言で表すなら、「きちんとしたアフターケアができる業者」である。

図面通りの店ができても、開店に伴って多少の変更は出てくるものだし、工事した箇所に不都合が生じる場合もある。そのときにフットワークが軽く、すぐに対応してくれるのが、店にとってよい業者である。

ところがこのことは、開店したあとでないとわからない。仕事を出す前に言えば、どんな業者だって、「いつでもどんな細かな仕事でも駆けつけます」と答えるに決まっている。

そこで、業者を選ぶときの賢い方法としては、物件を紹介してくれた不動産屋に内装業者も紹介してもらうという手がある。すでに物件を決めるまでの間に、不動産屋とのコミュニケーションはとれているはずなので、快く紹介してくれるはずだ。

不動産屋の業務のなかにはマンション管理の仕事もあり、入居者が退出したあとには、たいてい内装をリフォームする。そのときに当然、内装業者を頼むわけだ。そのため不動産屋は、「安くてフットワークのよい」内装業者を恒常的にかかえているケースが多いのである。

紹介された内装業者はすでに不動産屋とのつながりがあるので、極端にぼることもしないし、フットワークもよいはずである。万一、仕事ぶりがよくないときは不動産屋に文句を言ったり、泣きこめば、不動産屋が間に入って調整してくれる。不動産屋には紹介手数料を支払っているのだから、このくらいのことをしてもらうのは当然と言えば当然である。

ちなみに、親戚・知人に内外装業者がいても、安易に頼まないほうがいい。お互いに甘えが出て、言いたいことも言えずに、やりっ放しになってしまうケースが多い。

内外装工事の外注は、一括発注より個別発注

店舗改装に伴う大きな工事といえば、大工工事、壁の張替え、電気工事などがある。これらは別々に頼んだほうが、工事費は安くあがる。というのは、慣習的に業者間で紹介料などの名目で金品のやりとりがあり、この分が工事費の中に組み込まれているからだ。また、空調機などは電気工事店に発注するより市販の量販店で購入したほうがはるかに安いので、取り付け工事だけ頼むようにすれば、工事費は安くなる。

ただし、店の内外装工事はかぎられた期間に仕上げなければならないので、個別に発注した場合はオーナーが総指揮をとらないと仕事が遅れる。たとえば、大工さんが大枠をつくったところで電気工事が入る。そのあとに壁紙工事や外壁工事、最後に大工工事が入り、最終的にまとめあげるわけだが、前工程が終わらないと次工程の作業ができない。一日の仕事の流れと進み具合を確認しながら次の業者に入ってもらう段取りをつけるのは大変な作業だが、計画を立てて、ぜひ取り組んでいただきたい。

工事のスケジュール（例）

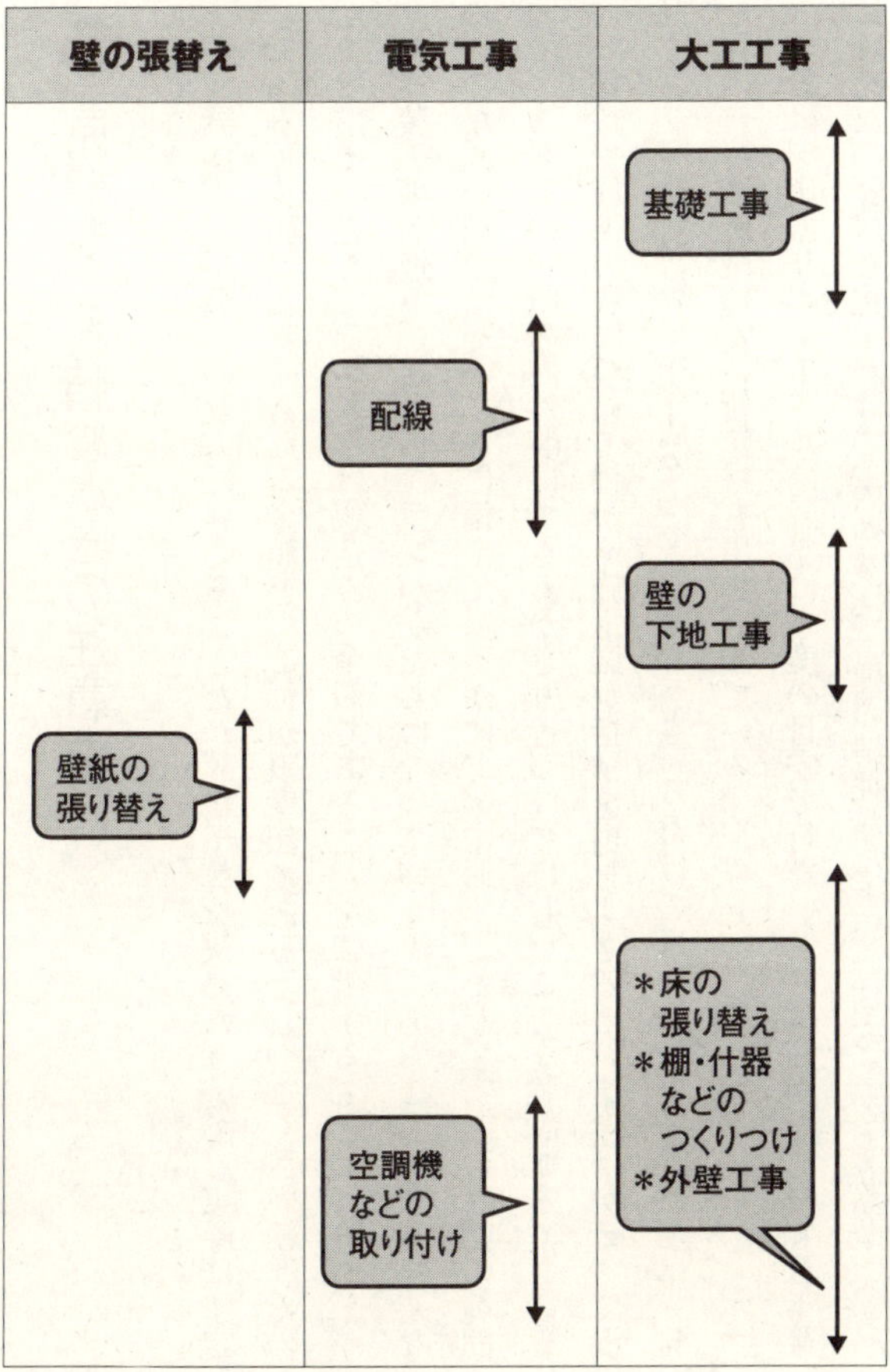
壁の張替え
電気工事
大工工事
基礎工事
配線
壁の
下地工事
壁紙の
張り替え
＊床の
張り替え
＊棚・什器
などの
つくりつけ
＊外壁工事
空調機
などの
取り付け

見積もりを頼むときの注意点

個別発注、一括発注の双方に言えることだが、総予算を決めたうえで、実際に予定している予算額の九割にあたる金額を、これが限度額であるとしつこく言い続けるのがコツ。そのとき、その数字は税込みの金額であることを強調すること。

内外装工事が進み、机上のプランがかたちになっていくと、あちこちいじりたくなるものだ。一割分はそのときに備えてひそかにとっておく。そして、この九割の範囲内で、こちらの希望の内外装にできるかぎり近づけてほしいことを強調する。このとき、材料や施工方法について細かく施主側が指示を出しすぎると、業者はかえって混乱する。「見た目はこんな店をつくりたい」と言うだけのほうがいい。最近では、見た目のわりに値段の安い新建材も出まわっている。

一般に、店のリニューアルは五年に一度の目安で行ないたい。高価な材料も五年後にはただの廃材と化すわけで、内外装は一種の消耗品だと思い切ることも必要である。

見積もりを依頼するときのポイント

準備するもの

① 自分ではかった店の内外の図面
② イメージイラスト
③ ②をフォローするかたちで、写真などを添付する。
（床材や壁紙、照明器具や棚などの什器類。気に入った店で撮らせてもらった写真や雑誌の切り抜き、カタログなど）

これらを提示して

① 総予算の9割（消費税込み）が限度予算であることを強調する。
② この予算内で、上記に提示したイメージにどれだけ近づくことができるか考えてもらう。
③ 材質やメーカーにこだわらず、上記①②を最優先して見積もりを出してもらう。

見積書のここに注意！　見積書の賢い読み方

見積もりを検討する際は、ホームセンターなどに行って、材料となる材木、壁紙、床材の価格を調べておく。業者の入手価格は、おおよそ、その半額程度である。

使用平米数はかならず検算して、間違っていないか確認する。

業者の手間代は一日（八時間労働が基本）三万円前後がおおよその相場である。しかし前述したように、実際の材料は半額で手に入っているわけだから、業者の利益となる。

「××一式」と書かれた項目にはとくに注意を。頻繁にこの表記が出てくるようだったら、見積もりがいいかげんに書かれていると疑ってもよい。一式とまとめられるものは、「雑工事」と呼ばれる、計算するとかえって手間がかかるものにかぎられる。金額は、数万円程度までであるのが当然だ。

「処分費用」などの項目もあるが、従前の設備の大がかりな撤去がないかぎり、発生するのはごくわずかである。とくに、スケルトン渡しの物件では、処分費はありえない。なぜなら、自分が出したゴミや不用品は自分で片付けるのが当たり前だからだ。「養生費」とは、作業を進めるにあたって、できあがった箇所を保護する費用。路面店の場合は数万円どまりだが、駅ビルなどへ中途から入居する場合には、莫大な費用がかかることが多い。他店の営業中に工事を進めるので、店全体をおおわなければならないからだ。工事費よりも養生費のほうが高い場合さえある。

空調機の見積もりも重要。事前に販売価格を電気店で調べておいたほうがいい。一般に、電気店で販売されている空調機器は家庭用なので、業務用との比較はできないと思われがちだ。しかし、一台の空調機で店の温度を保たなければならない規則はない。見てくれは多少落ちるが、同じ一〇坪（二〇畳）をコントロールするには、家庭用の一〇畳用のものを二台、場所をずらして取り付けたほうが、開店後の室内コントロールはしやすい。

見積書は、ともすれば総額のみに目が行きがちだが、細目を確認することによって頼んだ業者の姿勢や考え方までわかる、重要な書類だ。

よい見積書の例

××年××月××日

見積書

○○○○○○様

下記のとおり、お見積申し上げます。

店舗改修工事
金 X,XXX,XXX 円也

○○市△△町1−1
○○○工務店
代表　○○○○

名称	摘要	数量	単位	単価	金額	備考
1 内装工事		1	式		XXX,XXX	内訳は別紙参照
2 雑工事		1	式		XX,XXX	
合計					XXX,XXX	
消費税					XX,XXX	

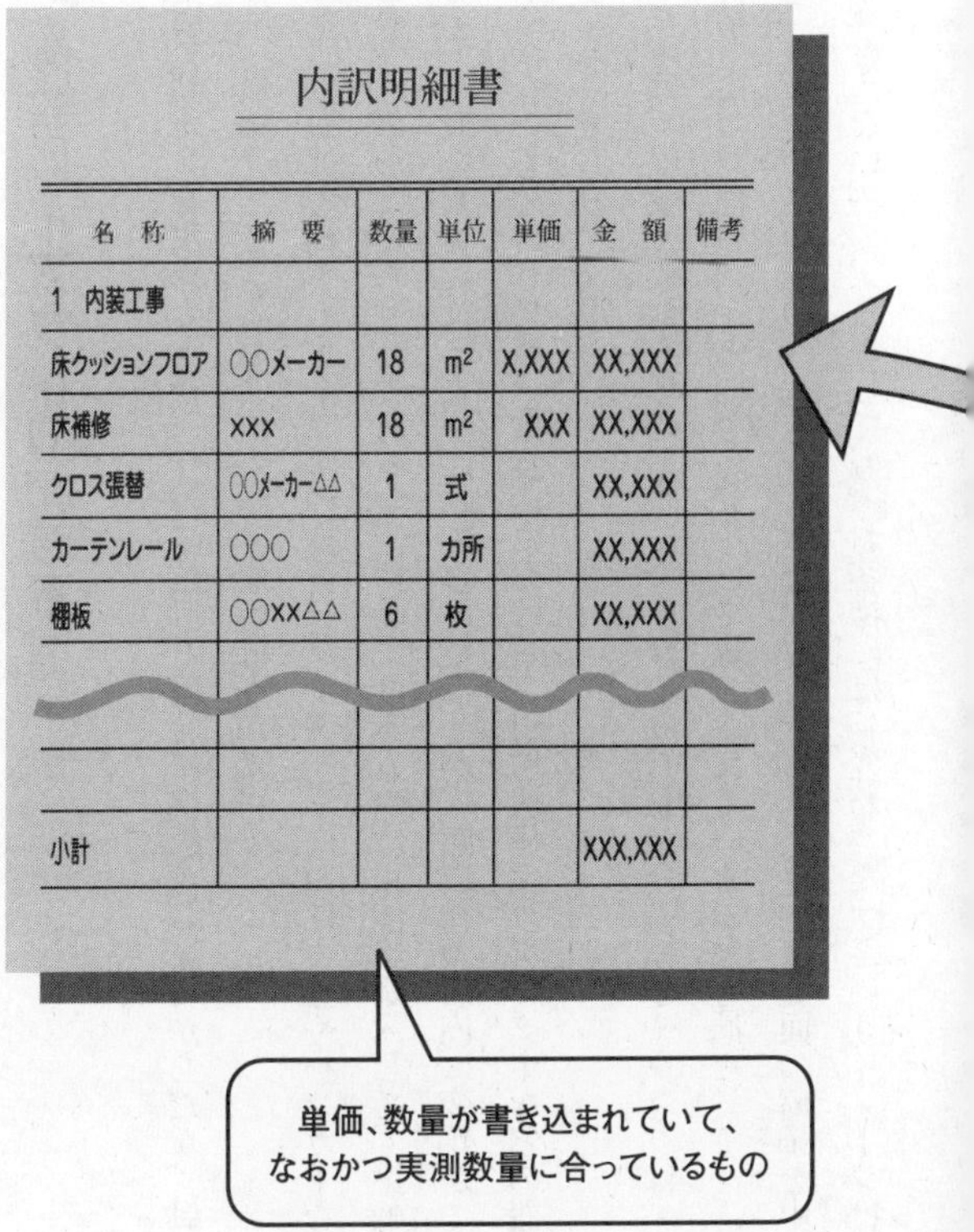

内訳明細書

名称	摘要	数量	単位	単価	金額	備考
1 内装工事						
床クッションフロア	○○メーカー	18	m^2	X,XXX	XX,XXX	
床補修	XXX	18	m^2	XXX	XX,XXX	
クロス張替	○○メーカー△△	1	式		XX,XXX	
カーテンレール	○○○	1	カ所		XX,XXX	
棚板	○○XX△△	6	枚		XX,XXX	
小計					XXX,XXX	

単価、数量が書き込まれていて、
なおかつ実測数量に合っているもの

3 ディスプレイ、什器などの調達・演出

什器レイアウトの注意事項

店内デザインを決めるとき、什器の位置も同時に決めてしまいがちだが、動かせるものは、最後までできるだけ決めつけないほうがよい。

喫茶店における椅子とテーブルの位置、ブティックにおける棚やハンガーなどは内装業者の仕事のはんちゅうであるが、移動できるものは単体で購入して、柔軟に店内のレイアウトを変えられるようにしておいたほうが、開店後の店内に変化ができる。

動かせないものとしては、飲食店における、厨房設備やカウンターなどの設備に付随する工事である。

たとえば、喫茶や、飲み屋の壁際につくりつけられている椅子やソファは、テーブルをはさんだ対面の椅子と同じデザインで統一されているのが普通だ。

ところが、いざ店内の改装をしようとすると、レイアウトは壁面の椅子を中心に考えざるをえないので、改装しても、お客様には「変わった」というイメージは与えら

れないことが多い。それなら壁面の椅子をやめてしまおうとなると、これは大工事となる。

だから、人間の力で動かすことができる什器や設備は単体で購入して、レイアウトをしていったほうが、店内のちょっとした改装や模様替えが楽である。

ブティックをはじめとする物販業の場合は、商品棚、ディスプレイテーブル、レジ台、ハンガーラックなどがあげられる。

これらの什器には底にキャスターをつけておくと、模様替え時が楽なので、内装業者に頼むといいだろう。キャスターの値段は一個一〇〇円程度だし、取り付け時間もかからないので、たいていはサービスでやってもらえる。

とくに、什器類は重く、さらに商品を乗せたまま移動するのに一〇〇キロ前後の重さになることも多いので、キャスターを選ぶときは、見てくれよりも性能（頑丈さ）を重視したい。

キャスターはかならずストッパー（留め具）つきのものにし、配置時は留め具で固定しておくことを忘れずに。

ディスプレイは山型、谷型、海型が基本

山型ディスプレイ

→商品を実際より多く見せられるが、雑多な印象を与えやすい

店内の中央に商品を集めて、お客様の視点を高い位置にもっていく。店の中央に商品を集めることによって、商品量が多いという印象をお客様に与えられる。商品が店頭に少ないときに使うと効果的である。

しかし、雑多な印象をお客様に感じさせるという弱点もあるので、頻繁に使用すると安売り店のイメージになりやすい。似たような例で、店の中心に大きな観葉植物をおくと、お客様の関心が商品ではなく観葉植物に集中するので、あまり望ましくない。

このディスプレイは、店の内部が外から見えにくいので、先客があれば入店につながりやすいが、販売員だけのときはかえって入りづらくなるともいえる。

山型ディスプレイの例

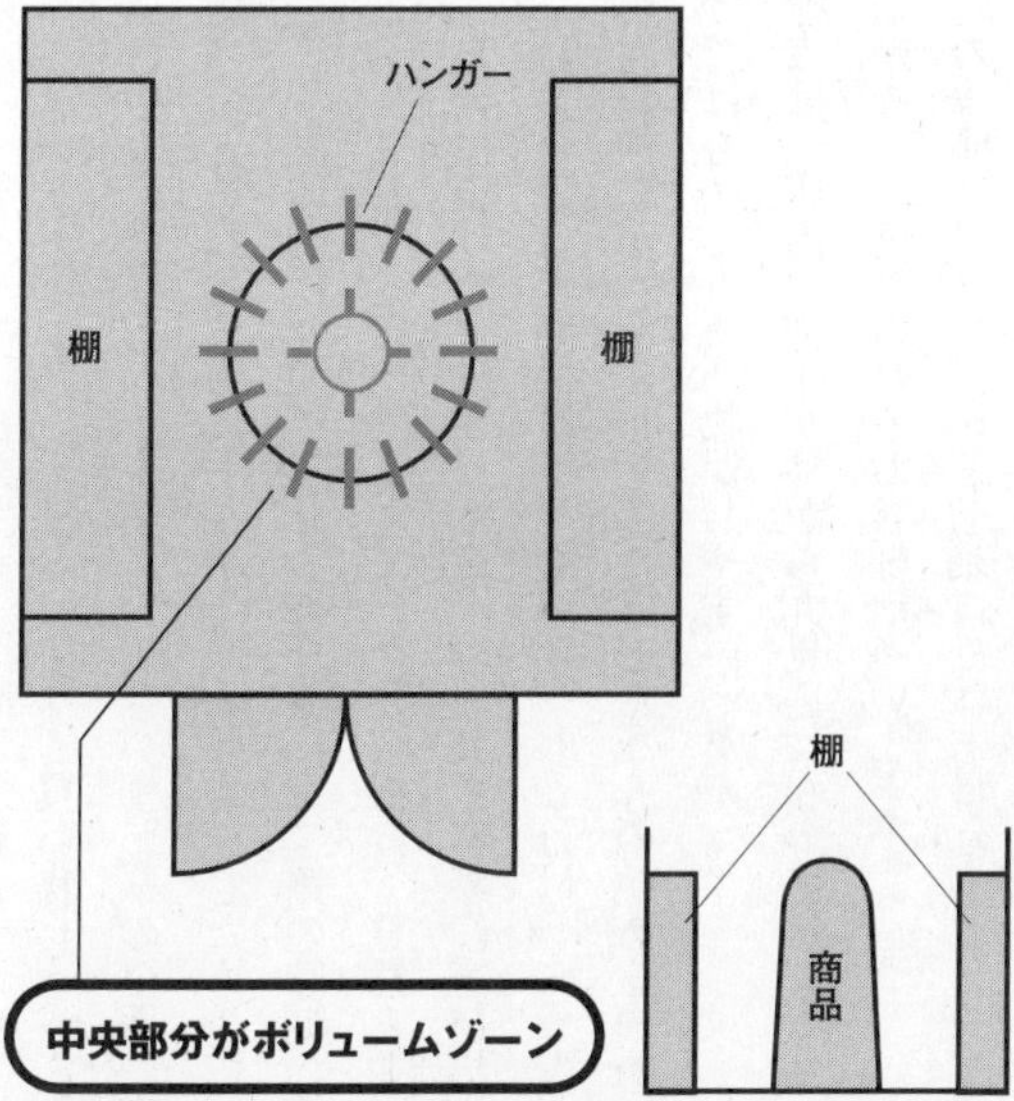
ハンガー
棚
棚
棚
商品
中央部分がボリュームゾーン

メリット
・商品を実際より多く見せられるので
商品が少ないときに使うと効果的。
・お客様の注意をひきやすい。
・活気のあるイメージづくりができる。

デメリット
・ごちゃごちゃした印象を与える。
・店の内部が外から見えにくい。

谷型ディスプレイ
↓商品のある場所が一目でわかり、買い物しやすい

店の中央に大きめのテーブルを置き、まわりの壁面に商品を整然と並べる方法。店内のところどころにトルソー（人体を模したもので、それに洋服を着せて、お客様により具体的に洋服を見せる）を置いて、その時期の店のオススメ商品をコーディネートしておく。店内に入ってきたお客様は、整然と並べられた商品を手に取りながら、自分に合ったコーディネートの一品を容易に選び出すことができる。

一見したところ商品量は少ないが、じつはけっこうな量が陳列できる。店の外からも店内の様子がわかるし、どこにどんなものがあるのか一目でわかるので、お客様にとってはもっとも買い物がしやすいパターン。

難点は、店内の様子が外から丸見えになってしまうために、買い物をしていても落ち着かないと感じられるお客様が多いこと。

店の一部にディスプレーを兼ねたロールカーテンを配置したり、目線位置に幅三〇センチほどのミニカーテンを施すだけでも、落ちついた雰囲気になる。

谷型ディスプレイの例

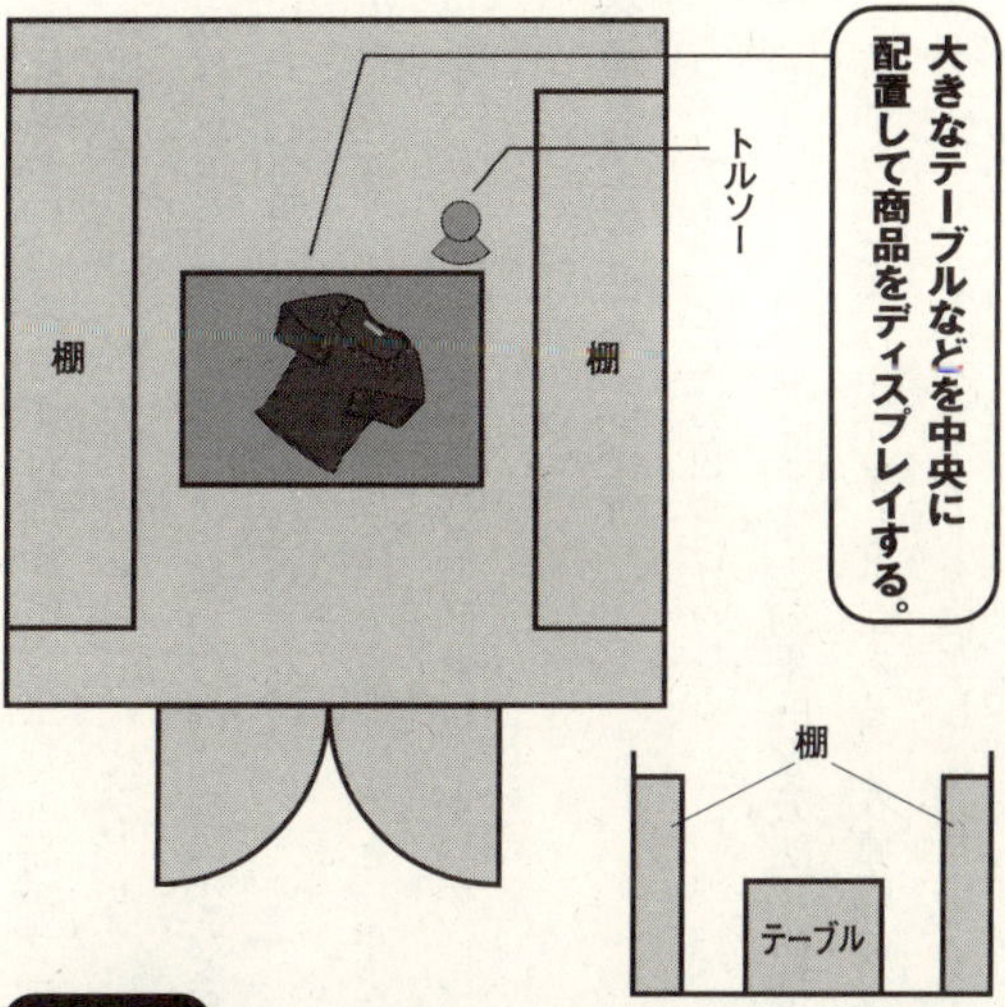
大きなテーブルなどを中央に配置して商品をディスプレイする。
トルソー
棚
棚
棚
テーブル

メリット

・商品量が多くても、すっきり見せることができる。
・素人でもまとめやすい。
・商品が見やすい。
・店の外からでも店内の様子がわかる。

デメリット

・店の外から丸見えなので、買い物するお客様には落ち着かない。
・ディスプレイが固定化しがち。
・商品が少ないときはさびしいイメージになる。

海型ディスプレイ

↓商品数の少なさが付加価値を生む、高級ブティック向き

高級ブティックや宝飾店によくみられる、ポツンポツンと商品を並べる方法だが、現在はほとんど使用されていない。商品数の少なさを内装やブランド力でバックアップして、商品の付加価値を高める方式。

海型ディスプレイを通常の店で真似すると、単に商品が少ない店としかお客様には受け取られないので、これは避けたほうがいい。

山谷複合型ディスプレイ

↓コーナーごとに特色づけられる

二〇坪以上の店で展開すると効果的な方法。山部分では商品を探し出す面白さがあり、谷部分では選び出す楽しさがある。在庫商品量により、店のコーナーをそれぞれ特色づけして、そのメリットを生かした売り場づくりをしていく。

海型ディスプレイの例

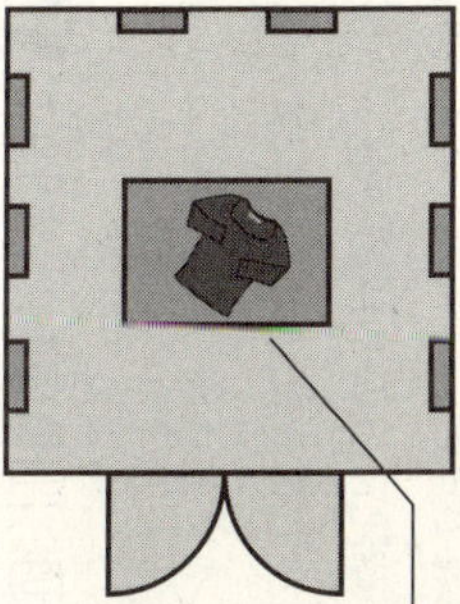

メリット

・高級感がある。

デメリット

・かなりのディスプレイ技術とセンスが必要なので、素人は手を出さないほうが賢明。

店内はテーブルのみで、あとは壁に商品を飾る

山谷複合型の例

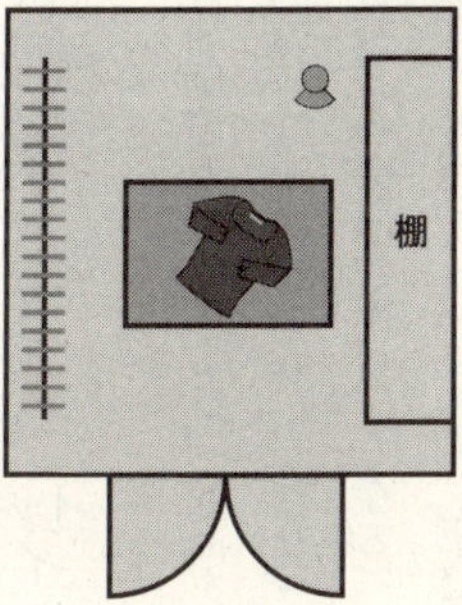

メリット

・20坪以上の店で効果的。
・コーナーごとに特色が出るので、買い物をする楽しさがある。

デメリット

・イメージが固定しがちなので、こまめにディスプレイを変えていくこと。

「生花一、備品三、商品六」の割合で構成するディスプレイ

ブティックなど、デザインやセンスが重要な付加価値となる店では、商品をひきたたせる備品や小物がほしい。ポップカードで商品の特性や価格を表示したり、季節感のある小物や備品を店内に配置することで、お客様との会話の糸口にもなる。

現代人は「モノ」としての機能があるものはほとんど持っているので、単にそれが必要だからという理由だけで購入するのだとはかぎらない。「買い物をする」というシチュエーションを楽しんでいる部分も少なくない。店内にさりげなく飾られたり、配置されている備品は、買い物というドラマを演出する重要な小道具だ。

とくに生花は、たとえ一輪でも常に店内に飾りたい。観葉植物ではなく、生花を飾ることに意味がある。道端や自宅の庭に咲いている花で十分だ。数日しかもたない生花を飾り続けるのは、一見簡単なようで根気がいる作業だ。しかし、花の様子を毎日見て、新しい花を飾り続けることは、一日一日が勝負の小売接客業の基本でもある。

生花のあるディスプレイ例

お客様をある商品の前に導く構造

店内に足を踏み入れたお客様が動きまわる足跡を、「導線」と呼ぶ。整然と陳列された商品はたしかに見やすいし、商品を選びやすいが、導線をあえて曲げたり停めたりさせると、必然的に、お客様は置かれている商品の前に立つことになる。そこへ、もっとも見せたい、手にとってほしい商品を並べると、買い上げにつながりやすい。

導線は、意図的につくることができる店のしかけである。そのために、什器類はつくりつけのものはできるだけ避けて、キャスターつきの動かしやすいものにしておくと、売り場づくりがしやすい。

店内レイアウトの変更の目安は、三カ月から半年に一回だ。あまり頻繁にレイアウト変更を行なうと、お客様にとって「いつも変わっていて落ち着かない店」となる。

ただし、レイアウトを変更したもののどうもしっくりこないと感じたときは、すぐに変更して、よいと思ったものに落ち着かせたほうがよい。

さまざまな導線の例

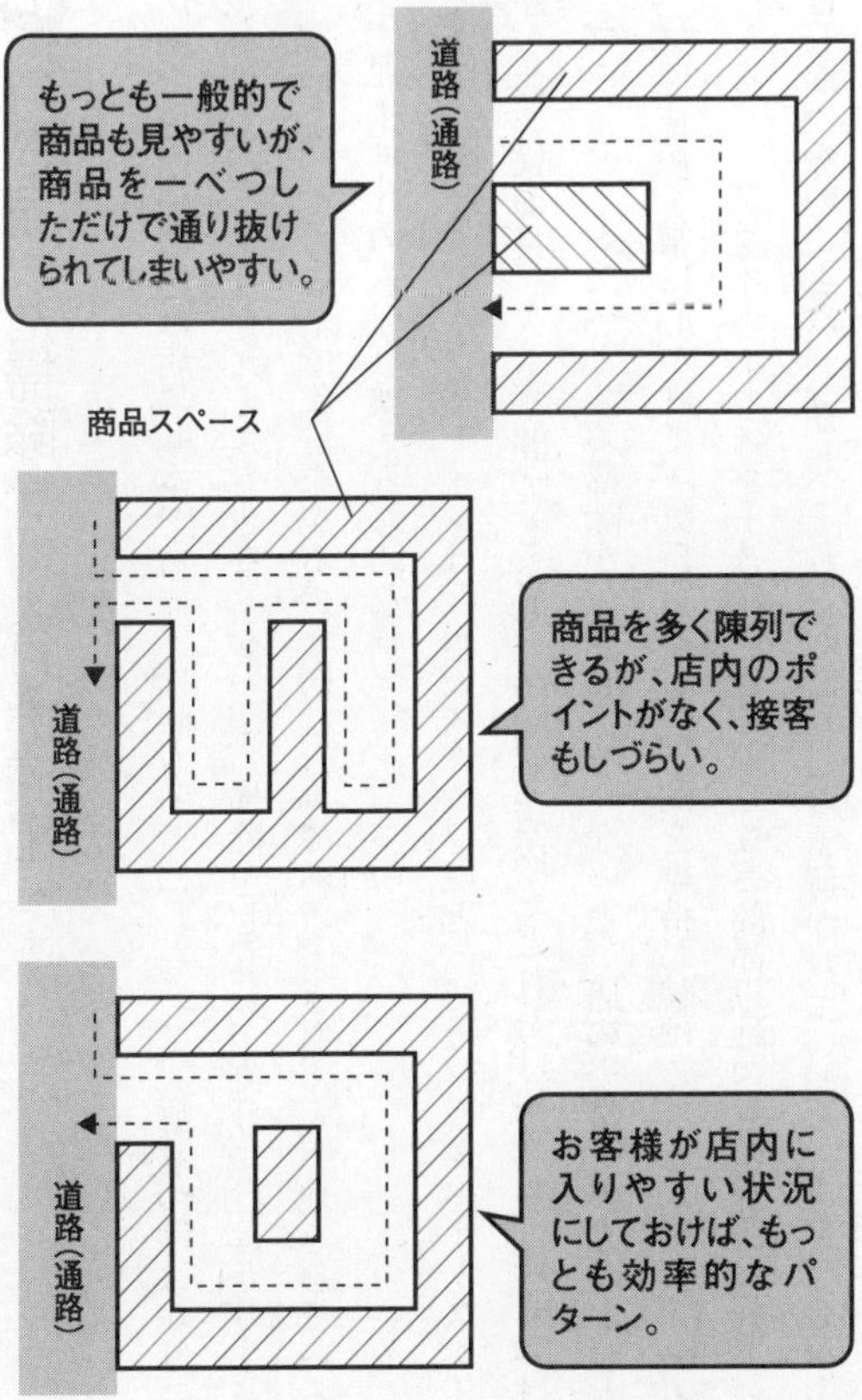
道路（通路）
もっとも一般的で商品も見やすいが、商品を一べつしただけで通り抜けられてしまいやすい。
商品スペース
道路（通路）
商品を多く陳列できるが、店内のポイントがなく、接客もしづらい。
道路（通路）
お客様が店内に入りやすい状況にしておけば、もっとも効率的なパターン。

行き届いた掃除が何よりの演出

店内と店頭の清掃は店の基本である。掃除もろくにしないで、飾りつけばかりに気をとられているようなケースも少なくないが、掃除をしないで飾りつけばかりするのは、下地をつくらないで化粧をするのと同じ行為である。きちんと下地をしているからこそ、化粧はのるし、映えるものだ。

また、ストックヤードやトイレは、販売スタッフにとってはプライベートスペースだが、お客様の目に入る空間でもある。店頭や店内をどれだけ掃除し、飾りつけても、プライベートスペースの掃除が行き届いていないと、店の姿勢そのものが疑われる。

整理整頓を常に心がけて、気持ちのよい空間を維持し続けることが重要である。もちろん、プライベートスペースにゴミや脚立など商品以外のものが置かれているのはしかたないことだ。しかし、それらがだらしなく置かれていたり、ホコリをかぶっていてはならない。店内や店頭と同様、プライベートスペースの掃除も毎日行なおう。

第6章

開店準備

1 人手を確保する

まずは一人で運営することを考えてみる

事業の固定費として計上される経費のうちで、もっともウエイトを占めるのが人件費である。

とくに昨今は、社会保険料をはじめとして事業所側の負担金も多い。できるだけスタッフを使わないで運営できないか考えてみる。

①定休日、開店時間……業種にもよるが、開店時間と売上は正比例するものではない。休憩時間をきちんと定めたり、定休日を設定することにより、店頭を一人でまわすことができる体制をシミュレーションしてみる。

②バックフォロー……事務全般をまかせられる人、日常の身のまわりの世話をしてくれる人がいるかどうかがポイント。家族、とりわけ配偶者の協力が望ましい。

③ピンチヒッター……万一、自分が倒れたときに、自分と同じ動きができる体制ができているか。この場合も家族や配偶者が望ましい。

人を雇い入れずに店を運営するポイント

1 休憩時間や定休日はしっかり取る。

☞開店時間と売上は比例するとはかぎらない。店を続けていくためには自分の健康が大切。業種にもよるが、1日8時間なら8時間と決めて、それをどう配分するか、休憩時間をどう取るか、シミュレートすること。

2 家族のフォロー態勢を整える。

☞男性で既婚者の場合は、配偶者に事務・経理などを担当してもらえると望ましい。女性の既婚者の場合は家事(子どもがいれば育児)を配偶者にシェアしてもらう。また、いざというときのために両親や友人に手助けしてもらうことも検討しよう。

3 自分がいなくても運営できる体制を整える。

☞できれば家族や配偶者に日ごろから自分の仕事について説明し、週のうち1日でもいいからいっしょに働いてもらって仕事の流れをつかんでおいてもらう。

家族の直接・間接の協力は絶対必要

サラリーマン時代は、時間から時間まで働けば給料をもらえ、仕事上の失敗も会社がカバーした。病気やケガで働けなくなっても、自分の代わりはいくらでもいた。しかし自営業者は違う。自分が止まればすべての機能が停止し、事業はその時点で終了してしまう。そこで、家族の協力がどうしても必要になる。

自分が新規事業にエネルギーを一〇〇パーセント注ぎ込むように、家族にはあなたへ一〇〇パーセントの信頼とエネルギーを注ぎ込んでもらわなければならない。「自分は健康だから大丈夫」「妻には今まで通りのことをしていていいからと説得した」など、中途半端な状態で開業する人は多いが、これは誤りだ。

世の中に「絶対」などありえない。オーナーの身に何かが起きたとき、親身になって同じ気持ちで動いてくれるのは家族だけだ。開業前に家族の全面的な賛成と協力の意思を確認できなければ、独立開業はするべきではない。

夫婦経営は強いが、夫婦でなくなる覚悟が必要

最小にして最強の経営者コンビは夫婦である。お互いの性格を知りつくしてるうえに、利益も損失も同等の重さで受け止めることができる。しかし、夫婦で事業を始めることは、同時に夫婦でなくなることを意味している。

相手の立場を思いやったりいたわりあったりするのは、夫婦として見るなら美しい情景であるが、共同経営者としては失格である。仕事をきちんとなしとげようとするなら、それぞれの主張を曲げなくなるし、相手の失策によってもたらされた事業の失敗をなじる場面も出てくる。それが、共同経営者としてのまともな姿勢である。

さらに、一日中いっしょに生活することで、それまで見えていなかった、お互いの生活習慣まで目に入ってくる。ケンカの種はつきないのである。

「妻（夫）とは今までと同じ関係をずっと続けたい」と考える人は、独立開業をあきらめたほうがいい。最強のパートナーを得るためには、失うものが必要なのだ。

恋人同士の経営は危険がいっぱい

恋人同士の共同経営はもっとも危険である。なにしろ恋愛中だから、お互いに「よいところ」を必要以上に見せようとする。たいした進展もしていないのに「うまくいった、大丈夫」などと、つまらない見栄を張ったりする。

一方、自分の非を相方に知られたくなくて、「××の対応が悪いから失敗した」などと、失敗を他人のせいにしたりする。相方は××の対応にクレームをつけたり、事情を聞きにいく。すると新たな事実が判明し、ケンカの種が芽吹いてしまう。

ここで、夫婦との決定的な違いが発生する。夫婦の場合はおおむねきちんとしたケンカになるが、恋人同士だと、「こんな人と生涯をともにして大丈夫だろうか」と、話がいつの間にかすりかわっていることに、本人たちが気づかないのだ。

このように、恋人同士の開業・経営は他人同士よりもリスクが高いので、開業前に入籍をすませ、お互いが「観念する」ところからスタートしたほうがよい。

スタッフを採用する場合は上下関係をはっきりと

どんなスタッフとともに働くかは、新規開業にとって重要な問題だ。同じ職場で働くということは、家族以上の時間と空間を共有することでもある。どんなタイプが自分に合っているか、どんな能力がある人が必要なのか、客観的に検証しておこう。

人を採用する場合は、たとえ一人でも、最初から上下関係をはっきりさせておく。小さな事業の場合、オーナーは不慣れで自信がない。そこへ、雇われているにもかかわらず「手伝ってやる」と勘違いして、就職を決めるタイプも多い。

そのため、実際は上下関係であるのに妙な同等関係になってしまい、命令系統がつくれなくなってしまう。年齢的上下はもちろん、自分がオーナーなのだという確固たる自信を持って仕事に臨むべきだ。

このことは、友人や知人に手伝ってもらうときには、さらに重要となる。上下関係をはっきりさせる以外にも、必要以上の権限を与えないように注意すべきである。

2 開店までに必要な諸手続

店名を考える

店の名称は、新しい自分の名前でもある。それまでの「××会社の課長」といった肩書から、「○○（店名）のオーナー」にあなた自身が生まれ変わることでもある。

店名は、耳ざわりがよく簡潔であること。頻繁に口にしたり耳にする言葉なので、言いづらくないか、聞いていて誤解がないかどうかも重要だ。とくに、電話で応対したときに聞き間違いが生じないか、聞きづらくないかをよく考慮する。

できれば、扱っている商品を連想させるものがよい。あるいは、オーナーのポリシーがこめられているもので、店名から小さな物語が引き出せるものもよい。

ちなみに、「アップルハウス」の店名の由来は、最初の店の開店資金を稼いでくれたのが、りんごをモチーフとしたバッジだったからだ。会社名である「あぶち」という名前は、当時たまたま読んでいた短編小説の登場人物からもらった。「あぶち」の語源についてはその後、各説が飛び出していて、いつまでも私たちを飽きさせない。

店名が決まったら商号登記を

法人（有限・株式）とは違い、個人で事業をおこす場合は登記をする必要はないが、事業が順調に発展すれば、将来、法人にしないともかぎらない。そのときのために、開業前、もしくは開業後ある程度事業のめどがついたら商号登記をすることをおすすめする。

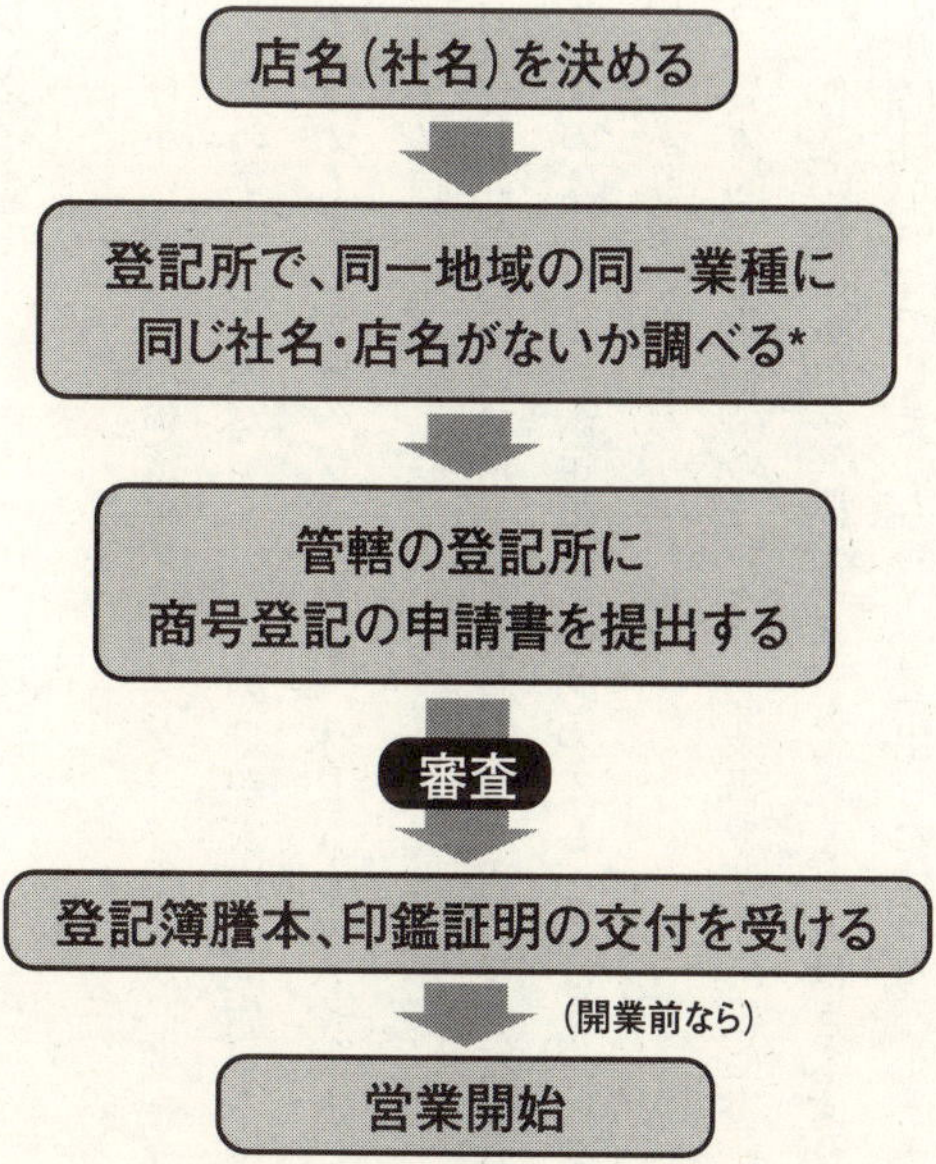
店名（社名）を決める
登記所で、同一地域の同一業種に
同じ社名・店名がないか調べる*
管轄の登記所に
商号登記の申請書を提出する
審査
登記簿謄本、印鑑証明の交付を受ける
（開業前なら）
営業開始

＊同一地域の同一業種に同じ名称での法人設立は認められないため（同一地域でも同一業種でなければOK）

開店日を決める

物件が決まると、開店日から逆算した綿密なタイムスケジュールが必要となる。

開店日は、金・土・日のいずれかの大安、友引などの日がよい。開店日を週末にするのは人通りが多いというのもその理由のひとつだが、休日なら友人や知人にお客として来てもらいやすいからだ。

人が多いと店内が活気づき、それにひかれて一般のお客様が入ってきてくれる。また、大安や友引の日を選ぶのは、たとえ縁起かつぎであっても、やはり、記念すべき新スタートの日はよい日でありたいからだ。

開店日が決まったら、具体的な作業を詰めていく。箇条書きにして紙に書いておいたほうがいい。ひとつの作業が終了したら、棒線で消していく。人はともすれば目先の仕事や得意分野ばかりに目がいってしまうもの。書き出した仕事をパートナーとひとつひとつ確認して片づけていくだけでも、日々はあっという間に過ぎ去っていく。

開店までにしておく作業例

〜3カ月前

- ✓ 内装・外装業者に発注
- ✓ 仕入メーカーの最終決定。場合によっては発注。
- ✓ クレジット会社への申し込み
- ✓ 店名のロゴの最終決定

〜1カ月前

- ✓ 消耗品の発注
- ✓ 入荷商品の最終確認
- ✓ 什器・備品の入荷確認、レイアウトの模索
- ✓ スタッフの最終決定
- ✓ スタッフ教育
- ✓ ダイレクトメールの発送

〜開店前日

- ✓ 今までのスケジュールを確認して、こなされていない部分の補充。

○月○日　開店日

オリジナルの商品を売る場合は商標登録をする

開店した店でオリジナルブランドの商品を販売する場合は、そのブランド名を忘れずに商標登録しておこう。

いったん店頭で売られれば、それは社会的な商品である。すでに商標登録されているものと同一名を使用すると、本人にその意思がなくても「商標権侵害」に該当して、すでに商標権を持っている相手から訴えられる。

商標権の登録先は特許庁だが、昨今ではホームページからの検索ができるので、似たような名称で先に登録されていないかどうかは、すぐに調べられる。同じ名前、似た名前があった場合は、他の名称にしたほうがよい。

なお、商標権は商品のジャンルごとに設定されている（同じ名称でも衣料品、食料品、文具などと分かれている）ので、商品の幅を広げたいときは、複数のジャンルに同時に登録しておくことが望ましい。

商標登録をするときは

1 登録したい商品と同じジャンルに同一名、または類似した名称がすでに登録されていないか調査する。

次のような方法で調べることができる

①商標公報類
公報は、工業所有権総合情報館の公衆閲覧室や、都道府県の知的所有権センターなどで見ることができる。

②インターネットの「特許庁 特許電子図書館」の検索サービス
→<URL> http://www.ipdl.jpo.go.jp/homepg.ipdl

2 商標登録願を作成して特許庁に出願する。

商標登録願の書き方や出願方法など、詳細については特許庁に問い合わせるか、特許庁ホームページ(<URL>http://www.jpo.go.jp/indexj.htm)を参照。

開店開業に必要な書類や手続き

開店が決まったら所轄の税務署に赴《おもむ》き、開業届を提出する。この開業届は、「この場所で商売を始めます」という社会的な宣言である。提出すれば当然、税金の納付義務が発生する。「まだ利益が出るかどうかわからないのに気が早い」と思われるかもしれないが、利益が出なければ税金は発生しない。利益が出たら、喜んで税金を支払おう。税金の支払いが発生するということは、事業が好調だという証拠である。

何度も言うが、独立開業したら、それまでの肩書きはすべて失う。新たな自分の肩書きの裏づけこそが事業の成功である。その成功を誰にでも納得させるのが納税行為なのだ。金融機関は、利益が出ている会社に貸付けしたがるものだ。取りっぱぐれる心配が少ないからである。開業して数年間は、節税などとセコイことは考えないほうがよい。節税など考えるエネルギーがあったら、本業をよりよく運営するためにはどうしたらよいか考えたほうが、よほど効率的な事業運営ができる。

個人事業に必要なおもな届出

かならず届け出るもの

個人事業の開業届出書
【届出先】税務署
【届出期限】事業開始日から1カ月以内

個人事業開始申告書
【届出先】都道府県税事務所
【届出期限】各都道府県により異なる

必要に応じて届け出るもの

給与支払事務所等の開設届出書
＊従業員を雇う場合に届け出る。
【届出先】税務署
【届出期限】給与支払開始日から1カ月以内

所得税の青色申告承認申請書
＊青色申告をする場合
【届出先】税務署
【届出期限】開業日が1/15以前の場合は3/15まで。
開業日が1/16以降の場合は開業日から2カ月以内。

青色事業専従者給与に関する届出書
＊配偶者や15歳以上の親族を専従者として雇う場合
【届出先】税務署
【届出期限】所得税の青色申告承認申請書と同じ

このほか、食品を扱う飲食店や販売店など、業種によって事前に届出、許認可が必要なものもある。

店休日、営業時間の考え方

業種にもよるが、週一日は完全定休日とし、年末年始や夏休みも最初から決めておいたほうがいい。「どうせ家賃を払うんだから、店を開けていなければ損だ」と考えがちだが、そこで働く人の健康があってこその店である。休日は絶対に必要だ。

営業時間も同様で、オーナーの生活時間に無理がない範囲の営業時間とする。物販業の場合、朝一〇時から夜七時までが一般的だが、取扱商品やまわりの店、とくに近くに大手スーパーがある場合は、その開店・閉店時間に合わせたほうがいい場合が多い。一般に、商店街の場合は定休日が決まっている場合が多いので、それに準じるのが賢明だ。お客様のほうにも、「この商店街は○曜日が休み」との認識があるので、開店していても買い物客は少ない。

店休日や営業時間は、いったん決めたら簡単には変更しないこと。お客様が混乱するうえに、店としての信用がなくなる。

事務機やパソコンの選び方と活用法

開業にあたって、さまざまな事務機器が必要となってくる。

①電話、ファックス

家庭用の安い機種で十分だが、普通紙使用のものはカートリッジインクが高いので敬遠すべき。感熱ロール紙のもののほうが、長い目で見ればランニングコストが安いし、フォローがたやすい。

②コピー、カラーコピー

よほど頻繁に使用する業種以外は不要。簡単なものならファックスを利用すればいい。購入不要の根拠は、コンビニのコピー機の普及率の高さにある。普通紙コピー一〇円、カラーコピー五〇円程度の代金をそのつど支払うだけで二四時間使用できる便利なサービスを使用しない手はない。また、後述するパソコンの普及も、コピー機不要論の一因となっている。

③パソコン

一式一〇万円程度の、型の古いもので十分である。ノート型よりもデスクトップ型のほうが壊れにくい。最初の一台はベーシックなものから始めるべき。日常業務で使う可能性の高いワープロソフトや表計算ソフトなど基本的なソフトは、今のパソコンには最初から入っていることが多い。パソコンを扱えない人は開業前にパソコン教室に通い、基本操作だけでも覚えておくこと。パソコンが使いこなせれば、スタッフ数人分の働きをしてくれる。

④プリンター

いちばんお金をかけたいのがプリンターである。プリンターは、高額になるほど丈夫なものが多い。また、今後発生するダイレクトメールや宛名書きなどで使用する頻度が高い事務機でもある。今は一台でプリンターとファックス、コピー機の機能をあ

日常に必要な備品・文具類

●掃除・衛生用具

ほうき、ちりとり、はたき、バケツ、ぞうきん、洗剤、掃除機（できれば業務用のものを）、裁縫セット

●筆記具

シャープペンシル、ボールペン（黒、赤、青）
消しゴム、修正液

●その他文具

定規、はさみ、カッターナイフ、のり（スティックタイプが便利）、ボンド（備品の修理などに）、セロテープ

●事務・経理用

ノート（現金出納帳、売上帳、顧客管理用など）、ファイル、出金伝票（領収書をもらえない出金時に使用）、領収書、認め印、朱肉、穴開けパンチ

●広告・宣伝ほか

はがき、便せん、封筒、切手（お礼状やあいさつ状、DM用など）

わせ持った多機能型が手ごろな値段で買えるようになったが、単一機能のものを、用途に合わせて二種類くらい購入したほうがいい。そのうちの一台をカラープリンターにしておくと、ダイレクトメールの制作などにおおいに役立つ。

⑤レジスター

最初からある程度の規模や集客が見込まれる店ならあったほうが便利だが、それほど規模が大きくなければ、レジスターは必要ない。しっかりした電卓と、お金を入れるための箱があれば十分だ。箱は、お菓子の入っていた缶や紙箱など、ふたのついているものであれば代用できる。または一〇〇円ショップに行けば、小さな引き出しがいくつかついた小物入れが売られている。お客様がレシートを必要とした場合は、市販の領収書に手書きしてお渡しするといい。

このほかに、たいていの業種に共通して必要な備品や文具類については前ページにあげた。業種により違いがあるので、これを参考に検討してみてほしい。

第7章
お金の管理

1

素人でもできる経理事務のポイント

開業を決めたら、仕事用の通帳を新規につくる

資金管理の第一歩は、公私をはっきりさせることに始まる。

新しく仕事を始めると決めた時点で、仕事用の銀行通帳を新規に作成する。最寄りの金融機関に出向き、口座を開設する。

口座名義は個人名でよいが、仕事に要した経費はすべてその通帳から出すようにしていく。もっとも、仕事用の資金が最初からあるわけではないので、従来から使用している通帳から、使用する金額に合わせて必要な金額を引き出す。小口に使用する経費は五万円、一〇万円単位が目安である。この分に関しては別に現金出納帳を作成して、銀行からの入金と日々使用した経費を書き込んでいき、残高を合わせておく。

この個人名義の通帳は、店の開店前から使用することになる。不動産屋への支払い、保証金をはじめとする家賃など開店費用、さらに、開店前に購入した雑貨や備品などの支払いも、この通帳をもとに行なう。

仕事用の通帳をもとに金銭管理をする

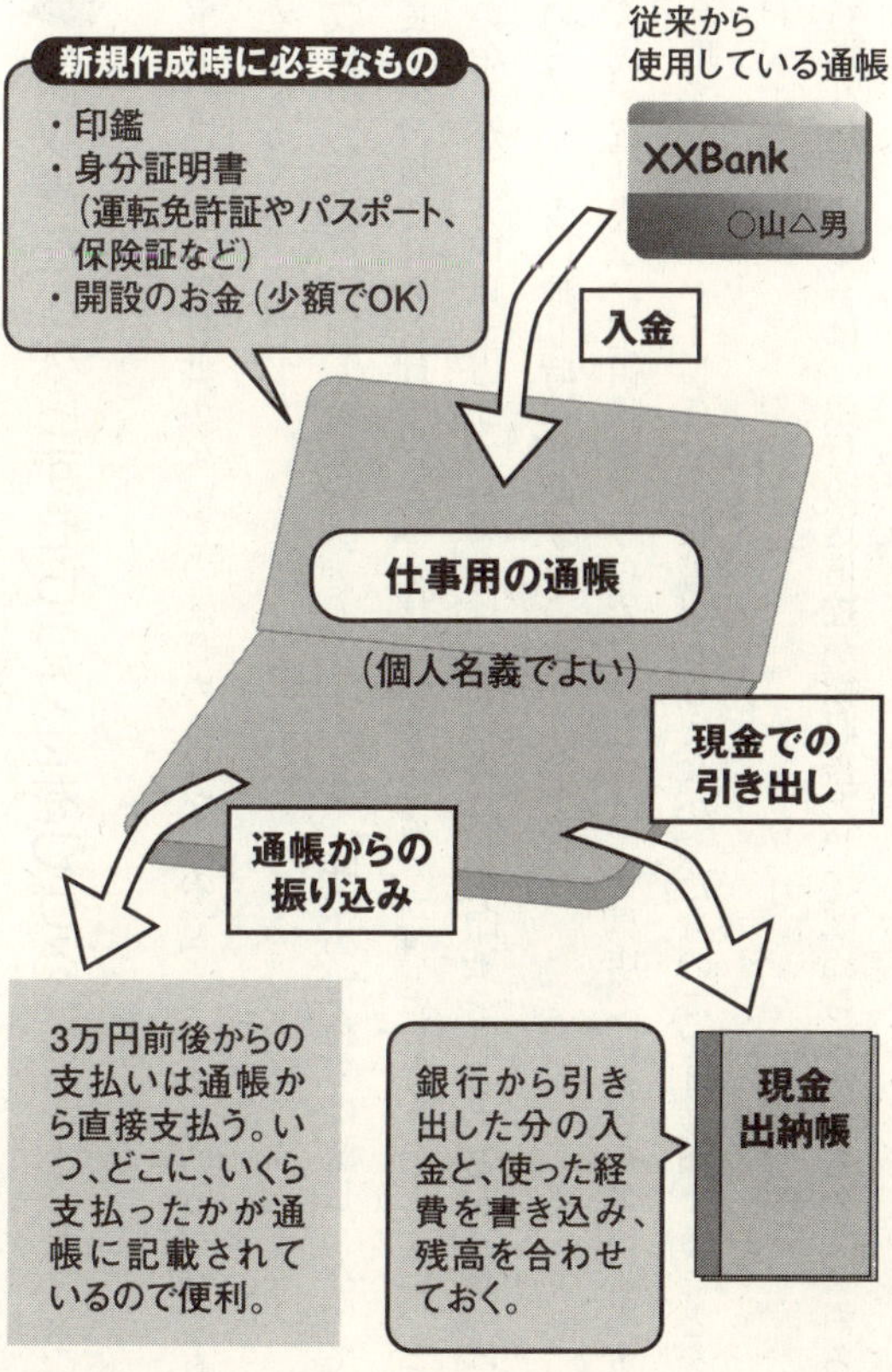
新規作成時に必要なもの
・印鑑
・身分証明書
（運転免許証やパスポート、
保険証など）
・開設のお金（少額でOK）
従来から
使用している通帳
XXBank
○山△男
入金
仕事用の通帳
（個人名義でよい）
現金での
引き出し
通帳からの
振り込み
3万円前後からの支払いは通帳から直接支払う。いつ、どこに、いくら支払ったかが通帳に記載されているので便利。
銀行から引き出した分の入金と、使った経費を書き込み、残高を合わせておく。
現金
出納帳

領収書をかならずもらうクセをつける

仕事上の経費は、領収書がないものは認められないので、どんな買い物をしても領収書をもらうくせをつける。

領収書のあて先には個人名を書いてもらうこと。昨今の税務署は厳しくなってきており、長年の習慣で認められていた「上様（うえさま）」が通じにくくなってきている。

支払い金額が三万円以上になった場合は、領収書に収入印紙を貼ることが義務づけられているので、受け取り時に確認すること。

バス代、電話代など、領収書がもらえないものは、文具店で販売されている出金伝票を利用できるが、どうしても領収書がもらえなかったものにだけ使用することを習慣づけておく。

銀行振り込みの場合は、銀行の送信控が領収書として認められているので、ある程度まとまった支払いには銀行振り込みを利用すると便利だ。

物件が決まったら名義書換えを

店舗物件が決まったら、先の個人名義の通帳は「店舗名・代表者××」の形に名義書換えをする。金融機関によっては書換えが難しいところもあり、その場合は先の通帳を解約し、残金を新しい通帳に移す。これなら名義は異なっても目的は同一なので、税務署の調査はスムーズに行なわれる。このとき作成した通帳を「本体」とする。

次に、物件の近くの金融機関で新しい通帳を作成する。この通帳はその物件固有のものと位置付け、発生する入金と物件の電話、水道光熱費などの公共料金をその通帳から落とすようにしておくと、店舗が増えたときの管理がしやすい。

月に一度か二度、日にちを決めて残高を本体の口座に移す。資金の流れをはっきりさせるために、本体に振り込み先の店名・支店名を記入しておく。店で使用する現金経費は、本体から出す方法と、店の通帳から出す方法があるが、後者のほうが管理はしやすい。こちらも現金出納帳を作成して、残高を合わせておく。

仕入れ管理のための、二つの仕入れ帳のつくり方

商品の入荷に伴い、二通りの仕入帳を作成する。

①仕入れ元帳

メーカー別に用紙を変えて作成する。年月日と伝票番号（ない場合は伝票のいちばん上に、記載されている商品名を記入して「××他」と記載する）、仕入れ金額、支払金額を記入する。一カ月ごとに小計を取り、「月計」と記す。

②商品台帳

商品をアイテムごとに仕分けして、用紙を作成する。入荷年月日、数量、必要な場合は色を記入する。売れた場合は、右側に売れた日と数量を記入する。返品して商品がなくなった場合は、（　）でくくって数量を記載する。商品台帳は棚卸し時に活躍するうえに、商品の回転状況が一目でわかるので、面倒がらずにつくりたい。売れ残っている商品の値引きや返品等の処理を考える際の判断材料にもなる。

仕入元帳と商品台帳の記入のしかた

【仕入元帳】

●●●●　←仕入先名

●年月日	品　名	数量	単価	仕入額	支払金額	残高
△/△△	ワンピース	4	5,000	20,000		20,000
	月　計					

【商品台帳】

●●●●　←商品名

●年月日	明細(色・デザインなど)	入荷数	売上数	在庫数
△/△△	入荷	10		10
△/△x	○○○○○○		2	8
	月　計			

伝票整理は一カ月ごと、経理は専門の税理士に

毎月、一〇日までに前月分を終わらせることが基本。

「たいした量ではないから」と数カ月分ためてしまうと記憶もあいまいになるし、何より、月々の管理がきちんとできていないと経営方法もずさんになる。

売上高にかかわらず、税理士という客観的な指南役をお願いすべきだ。顧問料はピンからキリまであるが、規模が小さければ一カ月一万円くらいからでも引き受けてもらうことができる。

税理士の選び方のポイントは、他人であることと、身元のしっかりした人であること。この際、友人の紹介や親戚筋などは絶対に避けるべきだ。

なぜならば、税理士というのは、お金の動きをすべて掌握することができる立場にあるからだ。

事業主と税理士という関係は、単に仕事を頼む側と頼まれる側というビジネス上の

間柄に見えるが、実際には、事業主の金銭的なプライバシーをすべてさらけ出すのと同じ行為である。

他人であるべきという根拠はここにある。

仕事上、クールに割り切るのが税理士の仕事だが、そこは人間だ。私見や感情が入り込むのは当たり前でもある。

税理士の心当たりがない場合は、所轄の税務署に出向けば、紹介してもらうことができる。なにしろ税務署推薦の税理士だから、身元は確かである。

税理士には、開業後にすぐに行なわなければならない開業届の作成から始めてもらうこともできる。

また税理士は、税金の計算だけでなく、個人事業を法人組織する方法や、社会保険や雇用保険の制度にも精通している。

一人の人間の力には限界がある。自分でカバーしきれない分野は、安心してまかせられるプロフェッショナルにお願いしてしまったほうが賢明だ。

2 経費とは

固定費と流動経費

商品が売れる売れないに関係なく必要になる経費を「固定費」と呼ぶ。固定費に含まれるものとしては、家賃、人件費、償却経費などがある。

一方、月により支払い高が変わる経費を「流動経費」と呼ぶ。ガス代、電気代、電話代などがその典型だ。そのほか、雑費、経費(店舗運営に要する現金支払い経費)、チラシなどの広告宣伝費、イベントでのお客様への粗品代、シーズンごとの店舗の飾りつけ用品などがある。商店街全体で祭りなどのイベントがある場合は、協賛金の名目で商店会費とは別途会費を取られることもある。空調機などの機械類の修理代金や電球取替え費用なども流動経費に含まれる。

「月々変わる金額だからしかたがない」とするのではなく、年間の予算を決めて店のイベント用に振り分けておく。多少の変動はしかたないとしても、一年経ったときには帳尻を合わせたい。流動経費のおおよその目安は、売上高の三パーセントである。

主な経費

固定費	家賃（共益費、商店会費などを含む）	
	人件費（オーナー生活費、スタッフ給料）	
	償却経費* 〔開店時に投入した資金。月々の経費として計上する。〕	店舗の賃貸契約にかかった諸費用**（不動産紹介手数料など）
		大家に支払った礼金など、解約時に返却されない費用**
		内外装諸経費**
		保証金金利***
流動経費	公共料金（電話代、水道光熱費など）	
	雑費、経費（店舗運営に要する現金支払い経費）	
	広告宣伝費（チラシ、DM、粗品類など）	
	イベント協賛金	
	修繕費（機械類の修理代、電球つけ替え代など）	

* 償却経費は目に見えて必要な経費ではないので、見落としがちであるが、算出しておくことにより、この金額を金融機関への借入金の返済額にも充当することができる。

** これら退店時に返却されない費用は、最大で60回（12×5年）、早ければ3年でもとをとる考えで算出する。

*** 退店時に返却してもらえる保証金については金利計算をする。昨今は低金利が続いているが、考え方としては預け金利ではなく、借り入れ金利とする。目安は最低でも3%で場合によっては5%程度である。計算式は保証金×該当%÷12。この金額を月々の金利として計上する。

オーナー自身の給料設定のしかた

開店当初から店が軌道に乗るまでのオーナーの給料は、「最低限の生活費」のレベルに設定するのが、ひとつの目安である。

「サラリーマン時代の手取額くらいはほしい」と考えている人は甘い。生活費を切り詰めて、家族が食べていくことができるだけの金額をオーナーの給料とする。たとえそれが、採用したスタッフの給料より安くても、オーナーの給料は最低限の生活費にとどめるべきである。

というのも、通常の新規開店の場合、最低でも半年から一年は赤字である。そこで、「どうせ赤字なのだから」と今までと同額の給料をとったら、事業の累積赤字は増えるばかりだ。累積赤字が一定金額に達したとき、始めた事業は必然的に閉鎖に追い込まれる。

前述したように、給料をはじめとする固定費は、毎月容赦なく出ていく。店の累積赤字を毎月少しでも減らすには、オーナーの給料を減額するしかない。

「オーナーなのに、なぜ従業員の給料より安いのだ」と考えるのは、単なるプライドにすぎない。

考えてみよう。従業員の給料は、よほどの事情がないかぎり、そう上がることはない。しかしオーナーの給料は、業績さえ上がれば増額することができる。

開店当初の目標は以前の手取額、次の目標はそれを少し上まわる額、さらに次はもう少し上げて、という考え方でいいのだ。利益の増加に伴って順次増額していけばいいだけの話である。

開店当初のオーナーの給料が安いのは、「店の存続のための延命措置」と割り切ろう。事業が軌道に乗ってしまえばこっちのものである。

事業が順調に発展し、オーナーが従業員の数倍の給料をとるようになっても、そのとき事業が黒字にさえなっていれば問題ないのだから。

自宅の一部を店舗にした場合の家賃計算

自宅の一部を店舗にした場合、当然家賃が発生する。この場合、貸し主はオーナー個人、借り主は店となる。オーナー個人と店の事業主は同一人物となるが、税法上の取り扱いは異なる。オーナー（貸し主）との賃貸契約を結んでおいたほうが、のちのちのトラブルが起こらない。

さて、具体的な家賃の算出方法だが、貸し付けた広さや設備によって異なる。一般的には、一棟丸貸しの相場を調べ、そのうち何パーセントを店や事務所として使用するかという算出方法がよく用いられているようだ。

「店舗・事務所÷全体の平米数×相場家賃」というのが適当な計算式だろう。

また、電気代などの公共料金にもこの計算式を流用すれば、税務署に対してはほぼ問題はない。しかし、電話代など自宅と店で個別に使用するものについては、電話回線ごとに支払ったほうがすっきりする。

自宅兼店舗［事務所］の場合の経費の考え方

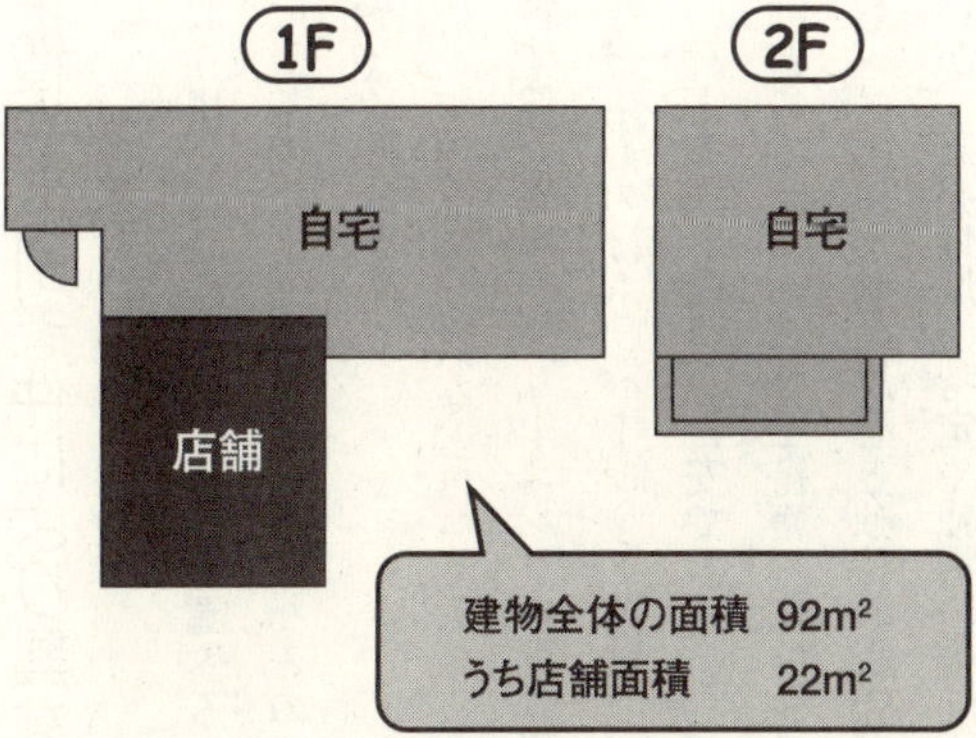

①自宅を一棟丸貸しした場合の相場を調べる。
（不動産屋にたずねるのがいちばん早い）

②建物全体の面積に対する店舗［事務所］の割合を算出し、家賃を計算する。上記の例の場合は22÷92×相場家賃＝店舗家賃となる。

③電気・ガス・水道などの料金も上記の割合で算出する。電話については店舗専用の回線を新設するのが望ましい。（もしくは通話明細書を調べれば、はっきり計算できる）

3

売上目標を立てる

業種や取引条件により異なる「粗利益」

まず、取り扱い商品の平均粗利益を調べる。

業種や取引条件によって粗利益は異なるので、事前調査と相手先との契約書などを確認しておく必要がある。

一般的に、実用品や文具などは三〇パーセント前後、衣料品は四〇パーセント前後、手数料で稼ぐ業種（クリーニングや写真現像の取次など）だと五〇パーセント前後、生花など生ものは六〇パーセント前後、レストラン業は七〇パーセント前後、飲食業は八〇パーセント前後が目安である。

特殊な例としては、タバコと書籍、化粧品の販売がある。

いずれも、メーカー側の思惑と独特の販売形態により、粗利益は一〇パーセント前後と少ないが、販売地域の特定や独特の委託販売システムの樹立などにより、安定した売上が予測できるメリットがある。

これらの利益率はあくまで一般的な目安なので、取扱商品の仕入先や取引条件を十分に調べたうえで、実際の粗利益率を算出する。

その際に注意したいのは、売上高のすべてが定価販売で形成されているわけではないということだ。

だいたいどの商売でも、程度の差はあれ、端数の値引き、友人・知人などへの値引き、商品のおまけなどがあるので、すべての商品が定価通りに売れることはまずない。さらに、店頭での万引きなどのリスクもある。

また、生花などの生鮮品を取り扱うと、しおれたり花が咲き終わったりして、販売できないまま処分しなければならないものが必然的に出てくる。それらのロス分がどのくらいになるかが、商売の成功と失敗の分岐点ともいえる。

生鮮品以外の通常の物販業の場合には、それらのロス分は売上高の三パーセント以内に収めたい。

売上予算の立て方

まず、月別売上予算を算出する。計算式は「月別固定費÷粗利益率＝月別売上予算」である。この式で算出された金額が毎月、売上高として計上されれば、店は収支が合うことになる。しかし、どの業種でも毎月コンスタントに売上があるわけではない。季節やイベントにより、売上高は一年間を通じて独特のカーブを描く。

そこで、全体の年間予算を出し、そこから各月別・日別の売上予算を立てる。たとえば、婦人服は毎年二月と八月を底として五月、一〇月にふたつの頂点を描く。不動産賃貸業は三月と九月の期末に売上高が集中する。年間売上予算は月別売上予算×一二として決定し、次に月別係数をあてはめ、月ごとの月別売上予算を設定する。

一カ月の予算が決まった時点でカレンダーを取り出して、店休日を書き込んだあとに、曜日ごとに日別売上目標金額を書き込んでいく。地域のイベント（祭り、フェアなど）があらかじめわかっている場合も、人出などを考慮して売上高を予測する。

売上予算の立て方

①　月別売上予算を算出する。

月別固定費÷粗利益率

（月別固定費）→ 家賃（共益費等含む）、人件費、オーナー給料など

②　年間売上予算を算出する。

①で出した月別売上予算×12

③　②で出した年間売上予算に月別係数をあてはめて、月ごとの月別売上予算を設定する。

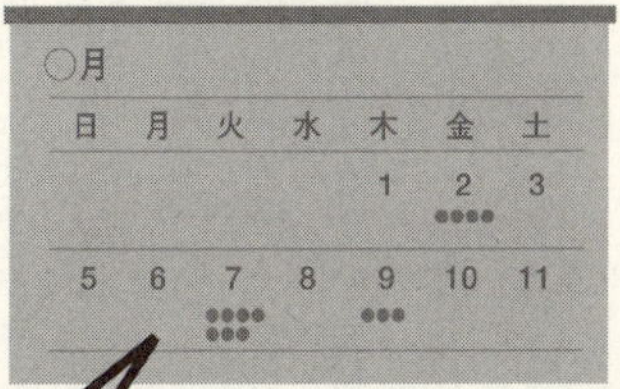
○月
日 月 火 水 木 金 土
1 2 3
5 6 7 8 9 10 11

カレンダーに店休日を書き込んだあと、曜日ごとに日別売上目標金額を書き込む。

日々の予算を単純計算して導き出すのではなく、年間売上高から逆算することにより、店の年間計画までつくってしまう。予算計画表はそのまま店の運営表となり、どうすれば月々の予算が達成できるかというイベント計画のもととなる。

客単価と立地の関係

業種を問わず、「客単価」の設定は店舗の基本である。

すなわち、「客単価×客数」が当日の店売上になる。逆算すれば、「日別売上目標金額÷客数」が平均客単価とならなければならない。

多少立地が悪いところでも、売上目標金額が低く、客単価が高ければ、商売は続けられる。一方、人通りが多い場所でも客単価が低く、客数が少なければ店は存続できない。

その顕著な例が町の喫茶店で、近年、マスターとママさんが二人だけで経営している店がどんどんなくなっている。

このような店には固定客がいて、コーヒー一杯で何時間でも粘る。お客にとってはまことに居心地がよい空間だが、実際のところ、コーヒー一杯の金額はたかが知れている。こんなお客ばかりというのでは、家賃を支払わなくてもよい経営者でないかぎり、採算がとれない現状がある。

一方、流行のコーヒーチェーンは、たいていはシステマチックにサービスを提供しているだけで、オーナーと客との個人的な交流がある店のほうが珍しい。お客のほとんどはそそくさとコーヒーを飲み干し、店を出ていく。その結果として、客の回転率は上がり、売上高も上がるという図式ができ、店は存続することができる。

その対極は、高価な宝飾店や画廊、自動車販売業である。絵画や自動車という商品は一点あたりの単価も利益も高いので、数日間売上がゼロでも、売れるときに売れればいい。

もっと極端な事例をあげれば不動産の売買業で、こちらは一年に数件の契約を取り付ければ、経営が成り立つ業種だ。

始めようとする業種がなんなのかということは、店の立地を決定する重要な決め手のひとつである。

4 税金について

開店当初から節税など考えない

前述した通り、税金を支払ったということは新しい店の勲章であり、価値である。そして、税金を支払った証である納税証明書こそが、昨今「貸し渋り」の代名詞になっている金融機関に借り入れをOKさせるパスポートとなるのだ。

利益のすべてを税金がもっていくわけではない。きちんと利益をあげて税金を支払い続けることができるということは、新規事業が順調に推移していることの、客観的、絶対的な証明書でもある。

節税を考えるのは、金融機関との確かな信頼関係が成り立ったあとで十分である。ときに「税金を払うのがバカらしいから車を買い換えた」という輩もいるが、こんな時代は地道な事業展開をしている人がもっとも信頼される。少しばかり利益があがったからと新車を買い換えるオーナーと、古い車に乗りつつもきちんと会社の利益を出すオーナー。どちらのタイプが社会的に信用されるかは、誰にでもおわかりだろう。

消費税はあくまでも預かり金、専用の通帳が必要

お客様からの預かり金を、売上金額として一括管理する経営者は少なくない。「計算上のことでしょう」とすませているが、消費税は店の売上金の一部ではなく、あくまでお客様からの預かり金である。

日々の仕事は面倒になるが、受け取り金額を売上金額と消費税とに分けて別々に管理することは、事業経営にとって大事なことである。

国もまた同じ感覚であるので、「預かった金額はこちらへ納入してください」と容赦なく納付書が届く。この預かり金を期限内に支払えないと、この低金利の時代にもかかわらず、恐ろしい延滞税が加算されて請求され、それでも支払わないと差し押さえになる。

考え方を最初から切り替えて臨むべきである。消費税とはお客様からの預かり金であって、事業が赤字だろうが黒字だろうが関係ない。預かったものは国に渡すものな

のだと。

もっとも、消費税は仕入れ時にも発生していて、仕入れ商品の支払い金額のなかにも含まれているので、実際の納入額は、「預かり消費税－支払い消費税」ということになる。

預かり消費税は、消費税専用の別口座をつくってそこに積み立てておき、その口座から支払うようにする。支払ったあとに残った金額が、支払い消費税だと考えればよい。これがいちばん簡単でわかりやすく、確実に消費税を支払うことができる方法である。

なお、現在の法律では、年商三〇〇〇万円以下の店舗や企業については消費税の免税事業者となり、納税を免除されている（年商が三〇〇〇万円を超えると、その超えた年度の翌々年から納税義務が発生する）。

けれども、この制度がずっと続くとはかぎらないし、将来、課税事業者になったときのためにも、たとえ現在、年商が非課税の範囲でも、消費税専用の口座をつくってきちんと管理しておくことをおすすめする。

5 販売の形式

クレジットカードのメリット・デメリット

昨今の小売業は、クレジットカード抜きには考えられない。

実際、都市部の店やファッションビルなどは、クレジットカードの取り扱いが当たり前になった。現金を持っているにもかかわらずカード支払いをしたがるお客様も多い。これは、クレジット会社のポイントスタンプの充実やリボルビング払いなどにより、使いやすい環境をつくり出していることによる。また、デパートをはじめとするショッピングセンターも独自のカードとクレジットカードを組み合わせて、そのカードを使用すると割引になるという特典なども実施している。

だが、この便利なクレジットカードも、小さな店にとっては相変わらず頭が痛い制度である。

まず、売上高に対して五パーセントから八パーセントを手数料としてクレジット会社に支払わなければならない。しかも代金決済は早くて二週間後、遅いところだと一カ月後になる。すなわち、今日売れたのにもかかわらず、代金の入金は先になってしまうのだ。当然、資金繰りに影響する。

昨今はPOSシステムが発達して、カードを端末機に通すだけで、有効なカードか否かすぐにわかるようになったうえに、その場でデータがクレジット会社に届くので、一昔前のように簡易書留で控えを送らなくてもよくなり、仕事の省力化におおいに役立っている。しかし、端末機に通すたびに電話料金がかかるのである。この金額はけっして安いものではない。

さらに、クレジット会社によって決済日や明細書の表記のしかたが異なっているのも難点だ。各クレジット会社から送られてくる支払い明細書をもとに、端末機を通して販売した商品代金が振り込まれたか否か、確認する必要がある。一回支払いならまだ簡単だが、複数回のものになると大変な事務作業となる。

クレジットの取り扱いは時代の流れ上、いたしかたないとするしかないが、これらの手間を考えると、よほどの高額でないかぎり、できるかぎり一回支払いをお願いすべきである。

値引きしない店を目指す

たくさんお買い上げいただいたとき、合計金額に端数が出たときなど、つい値引きしてあげたくなるのは人情である。

友人、知人の買い物も「あなただけ特別に」と一割、二割と引いてあげたくなる。しかし、そこを我慢するのがオーナーの心得である。

一割の値引きで計算してみよう。売価一〇〇〇円、仕入れ掛け率が六〇パーセントのものを通常価格で売れば、四〇〇円の粗利益である。もしこれを一割引の九〇〇円で販売すると粗利益は三〇〇円、粗利益率は三三パーセントに下がる。

たった一〇〇円だからいいか、と考えるのは早計である。店には、先述したようにさまざまな固定費、流動経費がかかる。それらの経費を差し引いて一〇〇円の純利益を計上するのは容易なことではない。

開店した店はオーナーのものには違いないが、社会的な役割も担う。すなわち、店を開いた時点で、オーナーにはもうひとりの人格ができあがると言っても過言ではない。この店をきっかけとして、新しい人間関係を築きはじめるわけだ。

そんな時期に、これまでの友人や知人への値引きはオーナーの個人的な気持ちであり、端数値引きも同様である。これらの値引きは当初はサービスのつもりでやっていても、される相手はやがて、「値引いてもらって当たり前」と受け取り始めるものだ。

値引きをするなら、最初から値引き枠を決めたイベントとして扱うべきで、その場合は売上予算を立て、粗利が減った分を売上高でカバーするようにすべきである。

そもそも、知り合いだから値引きをするという発想自体、どうかと思う。

営業努力で獲得したわけではない友人、知人には気安く値引きし、その一方で、開店後に新規のお客様として来てくださった、店にとっていちばん重要な人たちに定価で売り続けるという考えはおかしいという認識を、店のオーナーにはぜひ持っていただきたいものだ。

第８章
広告宣伝

1　広告宣伝のタイミング

2　媒体別広告宣伝の
メリット・デメリット

1 広告宣伝のタイミング

広告宣伝は開店前から始まっている

物件を決めた瞬間から、店の広告宣伝は始まっている。

広告宣伝とは、「情報の伝達」そのものであるからだ。物件を決めただけでまだ開店していない時点でも、大家と不動産屋は、新しくできる店の大まかな内容とその場所を知っているわけだ。

そこで、大家と不動産屋に、自分の店のいわば宣伝媒体になってもらうことを考える。自分の店がいつ開店するか、どんな店にするのかなどを、具体的に詳しく説明しておこう。

そうすれば、彼らの雑談の合間などに、新しく開店する店の話題がのぼり、そこから情報が広がりはじめる。

次の媒体は内外装業者である。打ち合わせのつど、店への思いを具体的に話すことによって、業者の家族や知り合いにあなたのお店の情報が伝わる。内装業者は地元の人に頼むべきという考えは、ここからもきている。

また店舗には、文具をはじめとするさまざまな用具や備品が必要となる。このときの買い物は、自分の店の近くの、できれば地元の人が個人で経営しているような店でしたほうがよい。

昨今はディスカウントストアや一〇〇円ショップがどこにでもあり、実際のところ、そちらのほうが安いのは事実である。しかし、高いといっても、備品や文具というのはそう高価なものでもないので、安い店で購入したところで、その差額は数千円どまりである。

「これは一種の広告費なのだから」と割り切って、それらは地元の店で調達すべきである。購入の折に、「今度、あそこに店を出しますのでよろしく」と、ひと言あいさつすれば、それが店の前宣伝になるというわけだ。

そのほか、食事や休憩などで喫茶店や食堂に行くときも、地元の店にどんどん顔を出し、「じつはこのたび……」と切り出して、「これからよろしくお願いします」と付け加えることが、開店前の重要な広告宣伝である。

店舗工事の前に、近所や関連店へのあいさつまわりをする

内装工事の日程が決まったら、隣近所にあいさつに出向く。少なくとも向こう三軒両隣はかならずあいさつしておくこと。

簡単な工事だからとタカをくっていても、店の前に業者の車が止まったままになったり、騒音も出る。そのときに、前もってあいさつしてあるのとないのとでは、相手の対応はまったく異なるものだ。事情を話してあれば、多少のことなら納得してくれるはずだ。

あいさつのときに持参するのはタオル一枚でも、はがき一〇枚でもいい。こうしたあいさつは、店の前宣伝にもなることはいうまでもない。

隣近所の人に気持ちよく迎え入れてもらうことが、これから店のオーナーとして商店街で生きていくための、重要な人間関係の始まりなのだ。けっしておろそかにすべきではない。

地元商店主とのつきあいはマメに

あいさつをすませ、近所の店で買い物をし、お茶を飲み、食事をしていれば、地元商店主のほとんどと知り合いになる。開店前はオーナー自身が「商品」である。「どんなオーナーが始める店なのか、このオーナーと自分は気持ちよくつきあえるだろうか」と、地元商店の人は興味津々であなたを観察しているのである。

開店前にも店に足を運ぶ機会は多い。一度あいさつをすませた相手なら、自分から「おはようございます」「いい天気ですね」と積極的に声をかけよう。誰でも、明るく声をかけてくれる人に悪印象は抱かないものだ。

また、店には必要ない商品でも、私物や生活用品はできるだけ地元の商店街で買うように努めよう。夕食のおかずやラップなどの消耗品も、この時期はできるだけ商店街内で調達する。なぜなら、そこで売っている人もまた、開店する店にとってお客様になる可能性が十分にあるのだから。

開店一カ月後のパーティが重要な理由

とくに飲食店などの業種では、開店前日にプレオープンと称して、開店までにかかわった人たちを招待してオープンパーティを行なうことが多い。

これには理由があって、厨房設備の試運転や確認を兼ねているので、必要な習慣ともいえる。当然、プレオープンには業者を招待しているので、このとき、さまざまな設備や機械を動かしてみてトラブルが起きた場合は、その場で対応してもらうことができる。

しかし、物販業の場合は、試運転の必要があるのは空調と電話程度なので、プレオープンの必要はない。むしろ、一カ月後のパーティをおすすめする。

というのは、一カ月間店を開いていると、図面上ではよかったはずのレイアウトが実際には使いづらかったり、電気コンセントの位置や棚の増設など、「こうなっていたほうがよかった」と思われることが出てきやすいからである。

そこで、「なんとか一カ月経ちましたパーティ」を開催する。会場は、店の近くの飲食店を借りる。

簡単な食事と飲み物を出して、一カ月の経過報告をするとともに、直してほしいところをあらかじめリストアップしておいてその場でお願いすると、大きな工事でないかぎり、みなさん快く引き受けてくださるはずだ。

仕事とはいえ、誰しも自分が手がけた店にはそれなりに愛着があるし、続いてほしいものだと願っている。

業者の方々の出席率を高くするための確実な方法がある。請求金額を一〇〇パーセント支払ってしまわないことだ。

目安としては、一割ほどを残しておく。この一割という金額は、業者の純利益にあたる。当面の下請け、仲間への支払いはすんでいるから、業者も一割くらいの先延ばしは許してくれるはずだ。

なかには、全額支払わなければ工事した店を引き渡さないという業者もいるが、こういう業者には頼まないほうがよい。すぐにつぶれる可能性が非常に高い。

2 媒体別広告宣伝のメリット・デメリット

新聞折込チラシ→物販・飲食業向き

　物販業、飲食業にとっては、もっとも効果的な広告手段。地元の新聞折込専門業者から地域の特性（住宅地、商業地、工場地帯）を聞いて、配布エリアを決定する。地域によっては大手スーパーの発行日が決まっており、チラシ広告が多い曜日と少ない曜日がある。チラシの多い日に入れるのか少ない日に入れるのかは、業種しだいだ。

　小さな店なら、カラー印刷のものより、一色刷りの小さめのもののほうが、かえって人目をひきやすい。折込代金は地域差があるが、一枚三円前後から高くても五円程度だ。チラシの制作費は高くても一枚三円程度（三万枚印刷した場合の計算）。一度にまく枚数は三万枚程度を目安にしたい。一般に、チラシの戻り率は〇・三パーセント前後とされているので、一〇件の問い合わせやお客様の来店があれば成功といえる。すぐに目立った効果が出るとは考えずに、新しい店がこの町にできましたというPRだと割り切ることだ。

新聞折り込みチラシの例

地元ミニコミ誌・紙→美容院や飲食業向き

業種によって格差が出る媒体である。ミニコミ誌・紙のメリットは、新聞を取っていない人にまで情報が届くことにある。とくに、美容院、エステティックサロン、レストランをはじめとする飲食業にはおすすめの媒体だ。これらの業種は常に消費者が新しい店を探しているので、割引券などをつければ確実に集客につながる。

逆に、物販業、とくにブティックなどの場合は、「いくら安くても、いらないものはいらない」ということで、割引券をつけたところで効果は薄い。同様に、健康食品、健康器具、趣味性の高い商品などの場合も、あまり効果は期待できない。

ただし、同じ物販でも、普遍的に需要のある商品（メーカーがはっきりしている消耗品）の販売には効果がある。

ミニコミ誌・紙は、広告を出すと抱き合わせて記事もサービスで掲載してくれることが多いので、営業担当者に、その大きさや回数、取り扱いを確認する。

車内広告・バス広告 ↓即効的な集客効果は期待薄

年間の掲載料金は安めで、また、開店開業を知るや否や、もっともしつこい勧誘がある媒体でもある。

業種にもよるが、即効的な集客効果はほとんど期待できない媒体といえる。しかし、知名度をあげるためには効果的である。

修繕、不動産仲介、各種サービスなどの業種の場合は、こうした広告を出しても、電話番号はもちろん、屋号を覚えてもらうこともほとんどないのが現状なので、いざ必要とされるときには他業者に仕事がいってしまう場合が多い。せめてバス内にチラシをぶら下げてもらう方式にすれば、少しは期待できるかもしれない。

このぶら下げ方式のチラシについていくつかのバス会社に問い合わせたところ、一枚数円の手数料を支払うのが一般的のようだ。ただし、「車内広告掲載業者にかぎる」との制約つきがほとんどだ。

ローカルテレビCM→広告料は安いが制作料がネック

意外に思われるが、地方局のスポットCM（コマーシャル）は意外と安い。時間帯にもよるが、一カ月あたり数十万の予算を組めば、一日に数回はCMが流れる。

しかし、安いのは広告費だけで、CMの制作費は別途必要となるので、本格的なものをつくろうとすればやはり高くなる。ローカル局のテレビCMに写真一枚とナレーション、音楽だけを流すものが多いのは、そんな事情からだ。

効果のほどは疑問である。「あ、また出ているわ」との認識はたしかに視聴者に与えられるだろうが、来店や注文に結びつけるためには、相当しっかりとしたCMを制作しなければならないはずだ。

ただし、薄利多売をメインとする業種であれば、テレビCMの利用効果は高い。価格と商品を連呼すれば波及効果は絶大だ。ただ、お客様が殺到した場合でも対応できるだけの店舗面積や商品量、人員を備えていることが条件となる。

全国紙・誌への広告→地元密着型業種には不向き

一般に、新聞社や雑誌社が広告を直接受け付けることはほとんどなく、広告代理店に一任されている。代理店は、買い取った紙面スペースを細分化して広告主に販売する形式をとっている。発行部数や知名度により価格はピンキリだが、概して高い。

また、専門業者の思惑違いで、発売直前になってダンピング価格で提示されることもあるが、これは、買い取った紙面が埋まらず、新聞社や出版社に帳尻を合わせるために行なわれるものなので、代理店としては赤字である。このケースを利用すれば全国レベルの広告が安くできるが、発売時期や雑誌、新聞を選ぶことができないというデメリットがある。いずれにしても、広告料金とは別に制作費が加算されるので、掲載料はさらにはねあがる。

通信販売などを大々的に行なう業種ならば利用する価値はあるが、地元密着型の業種の場合は、あまり向いているとはいえない。

販促チラシ→効果が高く、ポスティングにも利用可能

折込チラシとは別につくっておきたいのが汎用の販促チラシで、あらゆる場面で役に立つ。店や事務所の前にぶらさげておけば、興味を抱いた人が持ち帰ってくれる。初対面の業者に自己紹介をするときも、名刺とともに渡せばインパクトが強い。

このチラシは、ポスティング用にも使える。ポスティングとは商圏内にある家のポストにチラシを入れていく方法で、一般に新聞折込よりも戻り率が高いとされる。ポスティングはぜひ、オーナーとそのスタッフでやりたい。町の雰囲気や目立つ建物を知ることで、店の商圏を肌で感じることができる。ポスティングの方法には、日中に町の観察をしながらポストに入れていく方法と、夜中に一気にまわってしまう方法がある。前者の方法がおすすめだが、ときに、「勝手に入れないでください」と家の人に言われて嫌な思いをすることもある。後者の方法は交通量も少ないので効率は断然いい。しかし、警察官にでくわして尋問されることもある。

販促用チラシの例

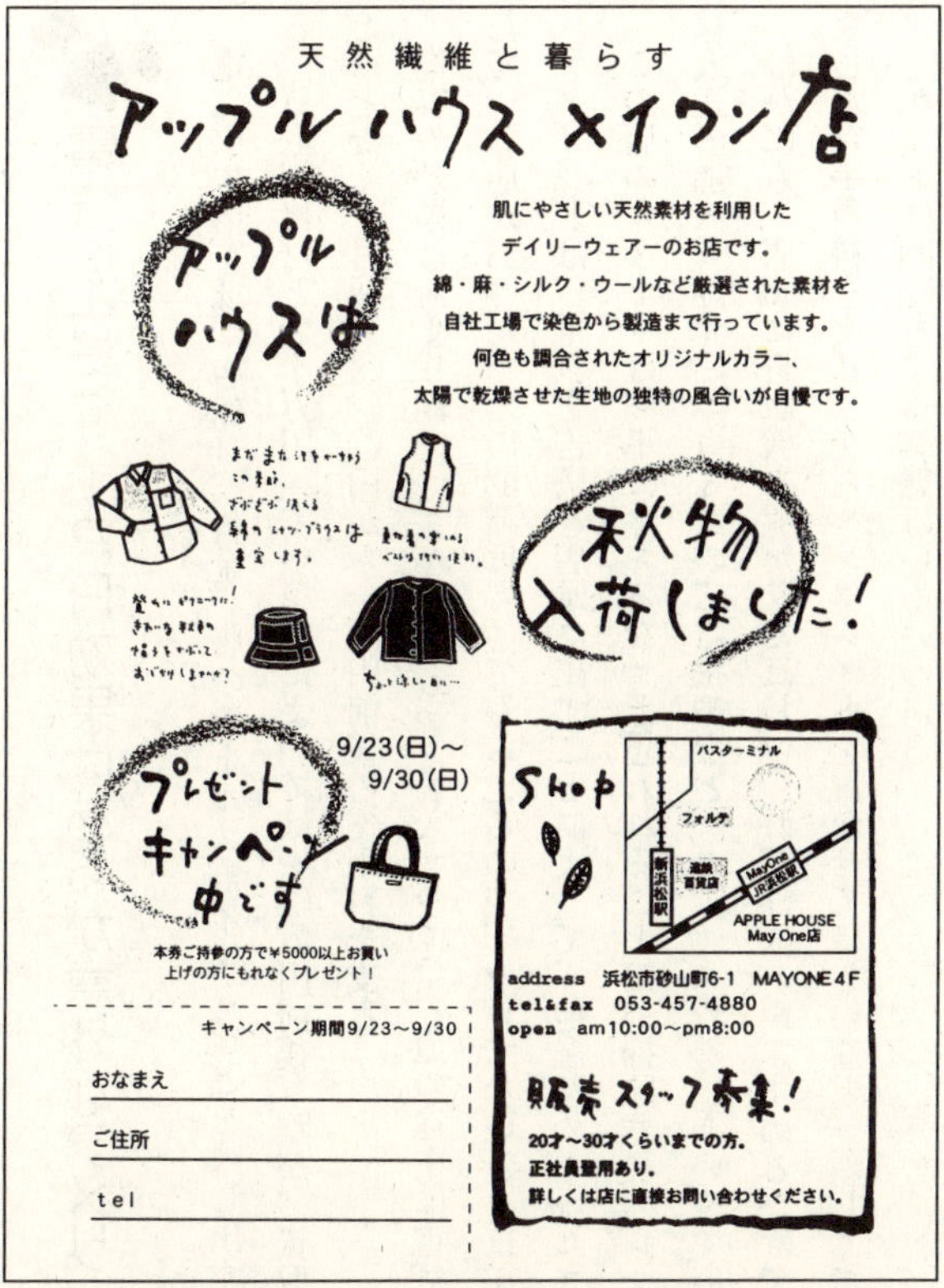

Ａ４またはＢ５サイズの紙に店や業種の特徴を明確に書き、地図、住所、電話番号、営業時間、定休日なども入れる。

電気広告塔→PR効果はあるが意外なデメリットも

電気広告塔とは、店休日、料金、店のセールスポイントなどを映し出す代物である。買取価格だと数十万円（安い業者によっては一〇万円前後）だが、買取契約はほとんどなく、月額三〇〇〇円から一万円前後の使用料を支払う。

集客の効果はあまり期待できない。もっとも、「あそこの道の途中に電気広告を出している店があった」との認識はもってもらえるので、ゼロでないことは確かだ。

デメリットは、電気広告塔を店頭に出すことによって、他業種のセールスマンに、「この店のオーナーは簡単に落ちるな」と思われることだ。掃除器具のレンタル、有線放送の加入、地元ミニコミ誌の広告掲載など、セールス攻勢にあいやすい。

ほかにも、店頭に自販機を置かせてほしい、お客様に一声すすめるだけで契約が成立したら手数料を支払うからパンフレットを置かせてほしいなど、新しくできた店をターゲットに商売をする業態はいろいろある。

ホームページによる広告宣伝→先行投資と考える

テレビ番組や雑誌の記事などで、店のホームページをつくれば広告宣伝はもちろん、通信販売でも売上がとれるという話をよく見かけるが、現状では無理である。ホームページつくりは簡単なものではないし、つくりさえすればお客様が殺到するわけでもない。しかも、制作費、運営費はすべてこちら持ちである。

また、テレビや雑誌の広告のようにいやおうなく目に入るものではない。目的を持った人が検索して、ひっかかればいいというのが実情である。インターネット上のホームページは、日本中どころか世界中から見ることができるが、どんなにあなたの店の商品が気に入っても、近くに住んでいなければ来店することはできない。

そんな人たちのために通信販売をする手もあるが、集金方法が非常に面倒である。店頭販売のように商品と代金をその場で引き換えるのと異なり、発送時と支払い時にタイムラグができる。代金後払い方式の場合はリスクも大きくなる。

確実なのはクレジットカードによる決済だが、お客様の直筆サインがもらえないので、カードナンバーだけのチェックとなる。この方法は、カードナンバーさえわかれば架空売上をクレジット会社に計上することができるため、クレジット会社にとってリスクが大きい。そこでクレジット会社は、通信販売用にクレジット扱いをする会社を徹底的に調査する。通信販売のクレジットカード決済は、店頭でのそれとまったく別物と考えたほうがいい。一カ月に数百件の取り扱いがあるような場合をのぞけば、一般に審査は厳しく、時間もかかる。

民間の運送会社にも代金引換システムを導入しているところが多いが、こちらは手数料が高く、ときに商品代金を上回ることさえあるので、これもおすすめできない。いちばん簡単なのは郵便局の代引きシステムで、送料も手数料も比較的安い。通信販売を始める場合は、こちらをおすすめする。

通信販売はまず商売として成り立ちにくいのが実情なので、ホームページに多くのことを期待しないほうが賢明である。しかし、インターネットの急速な普及ぶりを考えると、先行投資として店のホームページをつくっておくのは、よいことだと思う。

媒体別広告宣伝の特徴①

車内［バス］広告	地元ミニコミ誌（紙）	新聞折込チラシ	
・不動産仲介業 ・修繕、各種サービス業など	・美容院 ・エステティックサロン ・飲食業	・物販業 ・飲食業	効果のある業種
バス内チラシ 〈手数料〉 数円／枚	媒体によりさまざま	・折込代金3〜5円／枚 ・制作費（1色）約3円／枚（3万枚程度）	費用の目安
・知名度を上げるには効果的。 ・バス内に下げてあるチラシの場合、興味を持った人は持って帰ってくれる。	・割引券などをつければ、確実に集客につながる。 ・広告を出すと記事をサービスで掲載してくれるところもある。	・店や事務所の存在を知ってもらえる。 ・地元密着型の上記業種なら効果大。	メリット
・集客目的としては効果薄。	・ブティックなどの物販業では効果薄。	・集客目的としては効果が高いとはいえない。	デメリット

媒体別広告宣伝の特徴②

販促チラシ	全国誌（紙）	ローカルテレビ広告	
多くの業種	・通信販売業	・量販店	効果のある業種
・つくり方によりさまざま。 ・自分でつくれば手間賃だけ。	媒体や広告の大きさなどによりさまざま。	・広告費 数十万円／月 ※広告制作料は別	費用の目安
・手軽に作れる。 ・店の前に下げておいたり、名刺代わりに渡したり、ポスティングに使ったりと、利用度が高い。 ・新聞折込チラシより戻り率が高い。	・全国的に知名度が上がる。	・1日に何度もCMが流れるので知名度は上がる。 ・大量安売りの量販店なら、それほど広告制作費をかけなくても効果が期待できる。	メリット
・自分の力で配らなければならない。	・広告料金のほかに制作費がかかり、高額なことが多い。 ・地元密着型の業種には意味がない。	・集客に結びつけるなら、相当しっかりしたCMを制作しなければならない。	デメリット

媒体別広告宣伝の特徴③

	ホームページ	電気広告塔
効果のある業種	・大規模に全国展開している業種 ・通信販売業	多くの業種
費用の目安	ページの内容によりさまざま	・買い取り 10万～数十万円 ・レンタル 3,000～1万円／月
メリット	・他の媒体に比べ、双方向のコミュニケーションがとりやすい。 ・展開のしかたによっては固定客やファンをつくれる。	・目立つので店自体の宣伝にはなる。
デメリット	・興味を持った人しかアクセスしないので、知名度を上げる効果は薄い。	・集客効果は期待薄。 ・他のセールスにねらわれやすい。

もっとも確実で効果のある「口コミ」

よいものを売ること、お客様に満足してもらえる仕事をすることが、もっとも効果的な広告宣伝である。

集中的に大量の広告宣伝をしてお客様を集め、一時的な売上増になっても、次につながらなくては意味がない。「あそこの店、いいわよ。あそこに頼んだらとてもよかったの」。そうお客様に言っていただける仕事をすることが、遠まわりをするようだが、いちばん確実な広告宣伝となる。

また、この口コミという媒体は逆の作用もする。「あの店はダメ。行かないほうがいい」という情報がお客様に広まれば、店はそれまでだ。

表面上の顧客数獲得に走るばかりではなく、来てくださったり、注文してくださったお客様に十分に満足していただくことが最大の広告宣伝であることを、しっかりと肝に銘じておきたい。

「いい店ね」とお客様に言われるためには

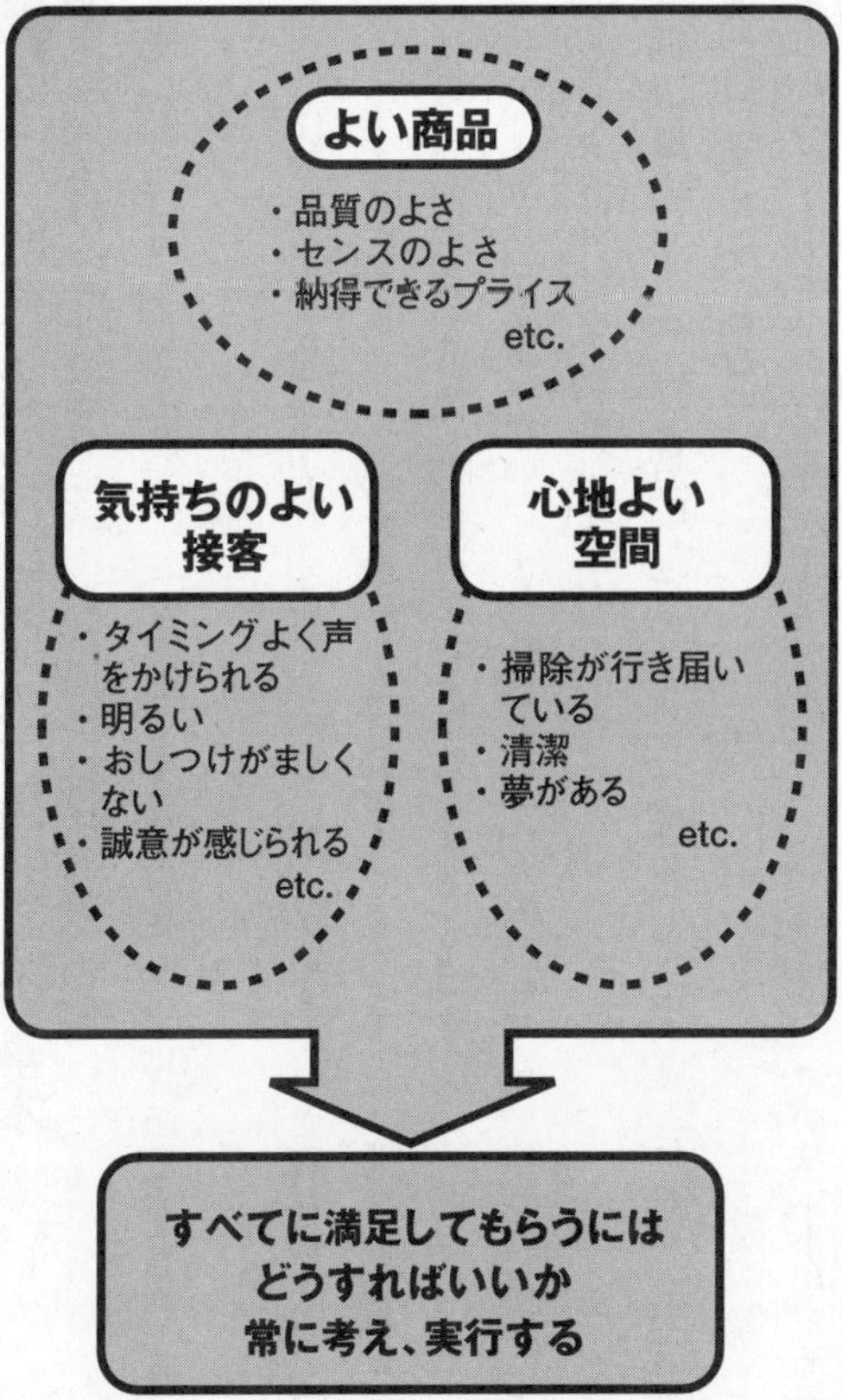
よい商品
・品質のよさ
・センスのよさ
・納得できるプライス
etc.
気持ちのよい
接客
・タイミングよく声をかけられる
・明るい
・おしつけがましくない
・誠意が感じられる
etc.
心地よい
空間
・掃除が行き届いている
・清潔
・夢がある
etc.
すべてに満足してもらうには
どうすればいいか
常に考え、実行する

空間、販売スタッフ、商品の三点が店の基本

前述した「口コミ」こそがもっとも確実で集客力の高い広告宣伝であるが、お客様に「いい店ね」と言われる店とはどんな店だろうか。

お客様に気持ちよく思ってもらえる接客をし、買っていただいた商品に十分に満足してもらえることである。そのためにしなければならないことは、常にお客様にとって心地よい空間をつくり出し、納得できる接客をすることである。

そして、「もう一度買いたい」「また行きたい」「友人や知り合いに教えたい」と思わせる店でなければならない。

「空間」「販売スタッフ」「商品」。そのすべてに満足してもらえなければ、お客様は二度と店に来てはくれない。

そのためにオーナーがしなければならないことは、店にとっての基本事項である、空間、販売スタッフ、商品について、つねにベストの状態を保ち続けることである。

第9章
スタッフの管理・教育

1 スタッフを募集する

求人誌の広告は、もっとも確実な募集方法

開店開業当初は、ともすれば知人や友人に頼りたくなるものだが、できればスタート時から新スタッフで始めたい。募集方法としていちばん確実なのは、求人誌・求人紙だ。とくに求人誌は現在、リクルート社が全国的に地域別の求人情報誌を次々と発行している。最初の広告は無料で受け付けているので、ぜひ利用したい。

そのほか、地方都市にはたいてい地元の求人誌や新聞折込みの求人紙がある。広告料は媒体や地域によってまちまちなので、とりあえずいちばん安いサイズで申し込むといいだろう。大きさによって求職者数が増えるわけではない。

求人誌はコンビニや書店で配られており、すぐに職を求めている人が読者となる。一方、新聞に折り込まれる求人紙は、さほど働く気のない人の目にも触れる。とくに主婦層には強いので、中高年女性のパートやアルバイトを募集するときには有利だ。

なお、新聞の三行広告の効果は薄いので、職種にもよるが、敬遠したほうが賢明だ。

求人誌(紙)の広告例

「元気な人」「やる気のある人」
などのコピーは抽象的すぎる。

シンプルで着心地のよい服が好きな

オープニングスタッフ 販売員(アルバイト パート) 募集

事業内容▶ 天然素材100%で白を基調にした
婦人服と小物の販売

資　　格▶ 25〜45歳まで

時　　給▶ XXX〜XXX円

待　　遇▶ 交通費支給

勤　　務▶ 9:00〜14:00/14:00〜19:00
週4日以上、土日勤務できる方

応募方法▶ 電話にて面接の受付をさせていただきます。面接日には履歴書と筆記用具をご持参ください。

WhiteLand ☎ XXX-XXXX-XXXX

○○市△△町1ー2ー3　XXビル2F

短い言葉で事業
内容を表す。

原稿のレイアウトは、媒体によって大まかにできあがっているので、最新号なども参考にしながら、記入事項を埋めていく。

ハローワーク(職業安定所)

全国各地にあるハローワーク(職業安定所)は、無料で求職者を斡旋《あっせん》してくれる場である。

その効果のほどはムラが多いというのが実情だが、ここを訪れる人には「本格的に仕事を探しているタイプ」が多いのが特徴だ。

求職者は正社員希望が圧倒的多数を占め、前職の給料や休日を基準に職を探すケースが多い。

そのため、正社員を募集する場合は比較的問い合わせが多いが、パートの販売スタッフを募集する場合は、求職者数はあまり期待しないほうがよい。

しかし、まったく反応がないというわけでもないので、登録しておいても損はない。なにしろ無料だし、昨今はシステムが発達して、求人が集まらない場合は電話一本で掲載期間を自動延長してくれるようになっている。

21 インターネットの求人・求職サイト

一方、インターネットの求人サイトは、パソコン関係の職種をのぞいては、あまり効果がないとみたほうがよい。

面白半分の人も多いし、なにしろ求職者はネットサーフィンよろしく、あちこちの企業を気軽に見てまわっている。

インターネットで求人することの利点として、広い地域に住む人に情報を伝えられることがあげられるが、仮に遠くの県に住む人がはるばる応募してきても、よほど本人にやる気があるか、特殊な技能をもっているといった理由がないかぎり、採用に踏み切るのは難しいだろう。

インターネットの求人サイトは多様で、有料・無料の多くが出ているが、有料だから確実にスタッフを確保できるというものでもない。求人広告という点では、まだまだ発展途上の媒体といえるだろう。

スタッフ募集は店頭ポスターがいちばん

確実で、いちばんおすすめできる求人方法は、店頭に貼るスタッフ募集のポスター（ビラ）である。

強みは、募集してくる人の大多数が、自分が勤めるかもしれない店のことを実際に何度も見ていることだ。店の雰囲気もわかっている、こんな商品を売りたかったなど、自分が働く姿まで具体的に想像できている人も、なかにはいる。

また、ショップカードの端のほうに、「スタッフ募集中です」と一文を入れておいたり、お買い上げ袋のなかに、「スタッフ募集中です。時間給××円、労働時間×時から×時、×曜日定休。お知り合いの方をご紹介ください」などと印刷したチラシを入れておくのも、意外と効果がある。

具体的な条件が書いてあるチラシがあれば、「あそこの店でスタッフの募集をしてたわよ、ほら」と、知り合いに声をかけてもらうこともできる。

2 スタッフの採用

採用する際のチェックポイント

求職者があった場合は、その場ですぐに面接するのでなく、何日かあとの定休日や閉店時間を面接日に指定し、あらためて履歴書持参で来てもらう。

面接当日は、簡単なものでよいから筆記試験を実施すること。試験問題は、初級公務員試験や中学生の国語や社会のプリントなどを利用すればOK。これらは一般常識にも通じるので、学力を見るというよりも、社会の常識がわかっているかどうかが目安となる。また、試験を実施することにより、断る口実がつくりやすい。

一般に中小・零細企業の入社試験は履歴書の提出と面接だけで終わりがちだが、この方法では求職者の本質はわからない。世の中には「口先だけ」の人がけっこう多いものだ。ましてや、職を求めてきている人たちである。好印象をもたれるような答えを誰もが事前に用意して、面接試験に臨んでいることだろう。

履歴書を見る際のチェックポイントを次ページにあげたので、参考にしてほしい。

履歴書のチェックポイント

ポイント1　自分よりも年下であること

1カ月でも2カ月でもかまわないから、自分よりも年下の人を雇うこと。

ポイント2　転職が激しい人は採用しない

不運だとしか言いようがない人ももちろんいるが、ひとつの職場に2年続かない人は、やはり本人になんらかの問題があることが多いのも事実だ。

ポイント3　健康状態はしつこいくらい確認する

たいていは「良好」と書いてあるが、過去に大病をしたことがないか、どんなに小さなものでも持病はないか確認する。ついでに家族の健康状態も確認しておくと完璧だ。

ポイント4　交通手段を確認する

店や事務所まで、どのような交通手段を使うか確認する。住所が近くても交通の便が悪く、予想以上に費用も時間もかかる場合もあるし、面接・採用後に引っ越してしまう可能性もありうる。

いずれにしても履歴書は鵜呑みにせず、少しでも気になる点があれば、本人にしっかりと確認することが重要。

23 オーナーより年上の人は採用すべきではない

人間にはプライドがある。自分が生きてきたこと、やってきたことに対して否定的な見方はしたくないものだ。

年下のオーナーに雇われるということに違和感を覚えるタイプのほうが、むしろ普通の感覚といえる。

しかも、年齢が高くなればなるほど、その傾向は強くなる。表面上は労使関係を続けられても、そのうち、人間関係に亀裂を生じることが多い。

対極にあるのが大企業や官庁の組織である。そこにはたしかに、自分よりはるか年上の人間を部下としてアゴで使っている上司は実在する。

しかし、部下として働いている人がみな、年下の上司を誠心誠意、心から信頼し、尊敬しているだろうか。「エリートコースに乗ってる人だから」「上層部の係累だから」など、自分とは違う人種なのだとあきらめて働いているから、組織として成り立っているだけなのだ。

一方、小さな店の場合は事情が大きく異なってくる。

自分とオーナーの違いはなんなのか、さして変わらないのではないか、たまたまオーナーが先に店を始めただけのこと、むしろ仕事人間としては自分のほうが格上ではないか、などと考える人がいても何の不思議もない。

開店したばかりのオーナーがスタッフに対して決定的に勝てるものは、年齢に伴ったキャリアくらいしかないのである。このため、スタッフの採用時はオーナーより年下を選ぶことは大事な原則である。

ただし、週に二〇時間前後のパートタイマーを採用する場合はこのかぎりではなく、年上の人を雇う手もある。

一緒に働く時間が短いということは、それだけお互いの接触がすくなくてすむわけだし、「これだけをやるように」と指示するだけですむ間柄なら、たとえ相手が年上でも、よけいな摩擦《まさつ》は生じにくいものだ。

23 入社承諾書と健康診断書はかならず提出してもらう

採用するスタッフが決まったら、入社承諾書と健康診断書の提出を義務づける。入社承諾者には最低でも一名、大事をとるなら二名の保証人をたててもらう。もちろん、保証人の印鑑証明も提出してもらう。実際には、保証人にまで迷惑がかかるようなことはほとんど起きないが、これらを提出してもらうことで、本人に、「簡単に辞めることができない、しっかりとした店(会社)に就職した」との意識が生まれる。

健康診断書の提出は、履歴書の「健康状態:良好」という記述の裏づけ資料となる。これもきちんともらって確認しておかないと、いざ仕事が始まってから、「じつは持病がありまして……」などと言い出す人もいるのだ。

これらの作業はけっして気持ちのよいものではない。しかし、これを続けることによって、「あの店(会社)はしっかりとした人しか働くことができない」という評判となり、やがては、目には見えない信用となるはずだ。

小さな店でも、賃金形態に関する文書を取り交わす

正式採用の際には、以下のような項目を記載した文書を取り交わすようにする。

●**労働時間**　一カ月に何時間働くかを明示したもの。

●**労働体系**　何時から何時までの出社・労働条件なのかを記しておく。

●**時間給と残業時間給・深夜時間給**　労働時間の延長、残業、深夜労働等について、それぞれの単価を明示しておく。時間によって分けて記入するのも一案。

●**交通費の支給の有無**　上限を定めておいたほうがよい。一般に全支給額の二割前後が交通費の上限。車で通勤する場合は、駐車場代やガソリン代など、計算がややこしくなる。公共の交通機関を使用した場合を基本に交通費を算出するといい。鉄道やバスが走っていない場合は、同じ距離に相当する運賃を近隣の交通機関に問い合わせ、これを参考に支払う。ほかに、勤務地を円心として、半径3キロ以内は五〇〇〇円とし、以下一キロごとに一〇〇〇円を加算するといった計算法もある。

賃金形態に関する文書の例

賃金規程

○年○月○日

〈賃金締切日および支払日〉

賃金は、前月○日から起算、当月○日に締め切って計算し、○日（休日の場合はその前日）に支払う。ただし、日雇者の賃金はその日に計算して支払う。

〈賃金の計算方法〉

遅刻、早退および欠勤などにより、所定勤務時間の全部または一部を休業した場合は、その休業した時間に対応する基本給を支給しない。ただし、この規程または就業規則に別段の定めがある場合はこの限りではない。

※上記の場合において、休業した時間の計算は、当該賃金締切期間の末日において合計し、30分未満は切り捨てるものとする。

※一賃金締切期間における賃金の総額に10円未満の端数が生じた場合は、これを10円に切り上げるものとする。

※賃金締切期間の中途において入社または退職した者に対する、当該締切期間における賃金は、日割で計算して支給するものとする。

〈役付手当〉

役付手当は、職務上責任の重い管理的地位にある者に対し、次の額を支給する。

店長手当：月額○○○○○円／○○手当：月額○○○○円

〈通勤手当〉

通勤手当は、毎日通勤する者（日雇者を除く）で定期券を購入する者に対し、定期券購入額に相当する金額を支給する。ただし、購入額が月額○○○○○円を超える場合には○○○○○円を限度とする。

交通費は、もらうほうにとっては働くための経費だが、支払う側にとっては一般経費と同様の人件費である。「引越しをしました。来月から交通費は××円ください」と当然のように言われても困る。そのために必要なのが、上限の規定である。同時に、「転居など自己都合で通勤経路・方法が変更になる場合は、一カ月以上前にかならず届け出ること」という旨の一文を契約書に書き加えておいたほうが、後々のトラブルになりにくい。

その他の手当

●店長手当、皆勤手当など　一般的に月額で支給されるものだが、支給資格を併記しておく。たとえば、皆勤手当なら、「無遅刻、無欠勤、無早退時に全額適用。いずれかが三回までは半額支給。四回以上は支給しない」など、店長手当の場合は、「一カ月の規定労働時間の八五パーセント以上勤務した場合は全額支給。八五パーセント未満の場合はその月の労働時間の割合に応じて支給」など。ほかに、仕事に応じた手当があれば記載し、最後に、記載された手当以外のものはないことを明確に記しておく必要がある。

3 スタッフの教育

スタッフにまかせる仕事は、自分でも一カ月はやってみる

仕事を人にまかせるときは、オーナー自身がその仕事に精通しているべきである。「数字が苦手だから、販売経理事務をまかせられる人を」「営業が苦手だから、営業トップを」という考えで安易にスタッフを集めると、あとで大変なことになる。

当たり前のことだが、スタッフはあくまで雇われ人である。店に対し、オーナーほどの思い入れは持っていない。極端な言い方をすれば、オーナーに叱られない、怒られない仕事をすればいいと思っているのだ。このことを肝に銘じておくべきだ。

ところが、オーナーが最初から片腕としてスタッフを採用してしまうと、「これは××の仕事だから」と、そのスタッフにまかせた仕事についてオーナー自身が見なくなってしまう。ときどき報告を受けても、右から左に抜けていきがちとなる。

しかし、事業の最終的な全責任はオーナーにある。スタッフは辞表一枚提出すれば退職することができるが、オーナーは、事業が閉鎖されないかぎり、その役職を降り

ることはできない。「信用した私がバカだった」と愚痴ったところで、なんの解決にもならないのだ。

そのため、オーナーがスタッフに仕事をまかせる際は、一通りの仕事を自分でこなしてみてから引き渡すのが鉄則である。一度でも自分がやっていれば、「できませんでした」という報告にも、「なぜなのか」「どうしたらできるか」と、一緒に善後策を考えることができるからだ。

極端な例をあげれば、トイレ掃除である。よほど汚れていないかぎり、ものの一〇分もあれば終わる作業だ。ところが、会社のえらい人のほとんどはトイレ掃除をしたことがない。「トイレが汚いね、なんとかしたまえ」と言うのが大多数であろう。

気がついたらやってしまえばいいのだ。やってみれば、たいした手間でないことがわかる。「忙しくて、やっている時間はありませんでした」と言い訳するスタッフに、「たった数分の手間を惜しんではダメ」と言い切れるのだ。

なにより、常に動くオーナーは働くスタッフに刺激を与える。口先ばかりの観念論をとうとうと話し出すオーナーよりも、よほどスタッフは信頼感を抱くものだ。

不慣れな新人スタッフを一人で店に立たせない

大手スーパーやデパートでは毎年、春になると「研修生」とバッジをつけた新入社員が売り場に立つ。これは雇用主側の考えで、「入ったばかりの社員なので十分な教育はされていませんが、その折にはどうぞご容赦を」と言っているのと同じことだ。とはいえ、研修生のすぐそばには数人の指導係が控えていて、何かあれば、このベテランスタッフが研修生のフォローにまわる態勢を整えている。

ところが、小さな店ではそうはいかない。販売スタッフが一人しかいない店で、「入ったばかりなのでわかりません」と言われたら、困るのはお客様のほうだ。たとえオーナーが優秀でも、販売スタッフが不慣れだったり、対応が悪ければ、店のイメージは悪くなる。お客様にとっては新米だろうが関係ないのだ。オーナーが「まかせても大丈夫」と確信が持てるまでは、スタッフを一人で店頭に立たせるべきではない。一緒に働いてスタッフを育てるところから、店頭販売はスタートさせるべきである。

㉓ 小さな店でも、週一回のミーティングはかならず行なう

場所を改めて店や仕事について話し合いをすることは、店にとって重要である。「うちは大丈夫、スタッフ同士で業務日誌をつけていますから」と言う店もある。この場合の業務日誌とは、いわば申し送り書で、今日あった出来事やお客様からの苦情や注文、予定の変更などが書かれているものであるが、これはこれとして必要である。

しかし、日々のことにかまけすぎていると、大きな視点でものが見られなくなる。そのために必要なものが、週に一度のミーティングだ。前週の反省や、よかった点の分析をする。次に、翌週の目標と、そのためにすべきことを確認する。季節によってはイベントや休日について話し合い、それぞれの役割分担を決めていく。少人数だからこそ、役割分担が必要なのだ。「小さな店だからすべて自分で決める」と言い切るオーナーが多いが、できることはスタッフにどんどんやってもらい、店への参加意識をもたせることにより、働く人は生きがいを見出し、店の業績は上がる。

ミーティングの方法

1週間に1度、規則的に実施

主なテーマ

反省・分析

・お客様とのトラブル
・お客様からほめられたこと
・スタッフ間のトラブル
・内・外装や什器の問題
・商品の問題　etc.

目標と確認

・売上目標（週ごと、月ごと）
・個々人の目標
etc.

イベント

・シーズンのイベントスケジュール
・イベントの内容
・イベントでのスタッフ役割分担　etc.

休日・シフト

・休日やシフトの確認
・夏休みや年末年始の休みのとり方
etc.

議事録を作成する

次回のテーマを決める

店頭に立つときの身だしなみ・マナー

接客と同様に重要なことに、身だしなみがある。店は舞台であり、商品をはじめとする店内はセットであり小道具だ。もちろん、主人公はお客様で、販売員は主人公をお迎えするホスト、ホステス役である。店とお客様に失礼のないかたちで臨みたい。

衣料品店の場合、販売している商品を一点、かならずどこかに身につける。ほとんどのお客様は半信半疑で店のドアを開ける。そこで販売員がどれだけ気持ちのよい接客をしても、着ているものがまったく別物では、お客様の購買の決定打にはならない。「私も着ています。とても着心地がいいんですよ。洗濯がとても楽です」など、見た目だけではわからない情報を付け加えることができ、「なるほどね、私も買おうかしら」という気持ちになるものだ。これは衣料品店にかぎらず、どの業種にも言えることだ。食材の食べ方や味、調理方法を説明する青果店、新発売のボールペンの書き心地を語ることができる文具店、コーヒーのおいしい飲み方のヒントを教えてくれるコ

販売員の身だしなみ・マナーチェック

✓ 服装

- □ 服装は清潔か。汚れているところはないか。
- □ 裾やストッキングなど、ほつれたり穴が開いたりしている箇所はないか。
- □ くつは汚れていないか。
- □ 店という舞台に調和する着こなしをしているか。
- □ 過度に派手すぎないか。

✓ からだ・においのチェック

- □ 化粧は派手すぎないか。
- □ 香水はつけすぎていないか。
- □ 爪は清潔か。
- □ 肩にふけや髪の毛が落ちていないか。
- □ 口臭のチェック
- □ 体臭のチェック

✓ 商品に対する知識

- □ （衣料品関係）店の商品を1点、身につけているか。
- □ 商品の説明ができる態勢が整っているか。

ーヒー店など、自分が知っているからこそ説明できることをどれだけ持っているかが、じつは接客業の基本中の基本なのである。

また、お客様を迎える立場として、化粧など最低限の身だしなみは当然である。その際、身だしなみの個性は一定のレベルに抑えるべきで、過度な化粧や奇抜な服装は、お客様に警戒心を抱かせたり、違和感を覚えさせるので注意したい。

以上のチェックが終了したら、最終チェックに入る。ここでのポイントは、本人がなかなか気づかない体臭と口臭である。自分ではわからないので友人や家族に率直な意見をもらい、直してから店頭に立つ。また、濃すぎる化粧や香水の匂いもお客様に不快感を与えやすいので、客観的なチェックをしたい。体臭(わきが)は昨今、簡単な手術で治るようになったので、治してしまったほうがよいだろう。口臭の原因は虫歯、内臓器官など多岐にわたるので、一度専門医をたずね、徹底的に治療したい。

洗髪もまた、毎日の習慣としたい。体質によってフケが出やすい人もいるが、接客業に就く以上、体質だからといってすませられるものではない。清潔で明るい印象をお客様に持ってもらえるスタッフになることが基本である。

一〇〇字書評

切り取り線

購買動機（新聞、雑誌名を記入するか、あるいは○をつけてください）	
□（　　　　　　　　　　　）の広告を見て	
□（　　　　　　　　　　　）の書評を見て	
□ 知人のすすめで	□ タイトルに惹かれて
□ カバーがよかったから	□ 内容が面白そうだから
□ 好きな作家だから	□ 好きな分野の本だから

●最近、最も感銘を受けた作品名をお書きください

●あなたのお好きな作家名をお書きください

●その他、ご要望がありましたらお書きください

住所	〒				
氏名		職業		年齢	
新刊情報等のパソコンメール配信を 希望する・しない	Eメール	※携帯には配信できません			

あなたにお願い

この本の感想を、編集部までお寄せいただけたらありがたく存じます。今後の企画の参考にさせていただきます。Eメールでも結構です。

いただいた「一〇〇字書評」は、新聞・雑誌等に紹介させていただくことがあります。その場合はお礼として特製図書カードを差し上げます。

前ページの原稿用紙に書評をお書きの上、切り取り、左記までお送り下さい。宛先の住所は不要です。

なお、ご記入いただいたお名前、ご住所等は、書評紹介の事前了解、謝礼のお届けのためだけに利用し、そのほかの目的のために利用することはありません。

〒一〇一-八七〇一
祥伝社黄金文庫編集長　吉田浩行
☎〇三（三二六五）二〇八四
ohgon@shodensha.co.jp

祥伝社ホームページの「ブックレビュー」からも、書けるようになりました。
http://www.shodensha.co.jp/bookreview/

祥伝社黄金文庫

祥伝社黄金文庫　創刊のことば

「小さくとも輝く知性」――祥伝社黄金文庫はいつの時代にあっても、きらりと光る個性を主張していきます。

真に人間的な価値とは何か、を求めるノン・ブックシリーズの子どもとしてスタートした祥伝社文庫ノンフィクションは、創刊15年を機に、祥伝社黄金文庫として新たな出発をいたします。「豊かで深い知恵と勇気」「大いなる人生の楽しみ」を追求するのが新シリーズの目的です。小さい身なりでも堂々と前進していきます。

黄金文庫をご愛読いただき、ご意見ご希望を編集部までお寄せくださいますよう、お願いいたします。

平成12年(2000年)2月1日　　祥伝社黄金文庫　編集部

成功《せいこう》の秘訣《ひけつ》　小《ちい》さなお店《みせ》のつくり方《かた》

平成14年2月20日　初版第1刷発行
平成23年2月15日　第4刷発行

著　者　たかはた　けいこ
発行者　竹内和芳
発行所　祥《しょう》伝《でん》社《しゃ》
東京都千代田区神田神保町3-6-5
九段尚学ビル　〒101-8701
☎03(3265)2081(販売部)
☎03(3265)2084(編集部)
☎03(3265)3622(業務部)
印刷所　堀内印刷
製本所　ナショナル製本

ISBN4-396-31285-7 C0195

祥伝社のホームページ・http://www.shodensha.co.jp/